【中国人格读库】

国家新闻出版广电总局

培育和践行社会主义核心价值观主题出版重点出版物

梁启超传

高占祥　主编

周洋　著

北京时代华文书局

图书在版编目（CIP）数据

梁启超传 / 周洋著 .-- 北京 : 北京时代华文书局 , 2015.8（2022.3 重印）
（中国人格读库 / 高占祥主编）
ISBN 978-7-5699-0451-2

Ⅰ. ①梁… Ⅱ. ①周… Ⅲ. ①梁启超（1873 ~ 1929）—传记 Ⅳ. ① B259.1

中国版本图书馆 CIP 数据核字（2015）第 183472 号

梁启超传

Liang Qichao Zhuan

主　　编 | 高占祥
著　　者 | 周　洋

出 版 人 | 陈　涛
责任编辑 | 邢　楠
装帧设计 | 程　慧 ·段文辉
责任印制 | 訾　敬

出版发行 | 北京时代华文书局 http://www.bjsdsj.com.cn
北京市东城区安定门外大街 138 号皇城国际大厦 A 座 8 楼
邮编：100011　电话：010 - 64267955　64267677
印　　刷 | 三河市嵩川印刷有限公司　0316 - 3650395
（如发现印装质量问题，请与印刷厂联系调换）
开　　本 | 787mm×1092mm　1/16　　印　　张 | 12.25　　字　　数 | 116 千字
版　　次 | 2016 年 1 月第 1 版　　印　　次 | 2022 年 3 月第 3 次印刷
书　　号 | ISBN 978-7-5699-0451-2
定　　价 | 39.80 元

社会主义核心价值观与中国人格

周殿富

社会主义制度在中国已经建立了六十余年，而我们党则在本世纪初叶提出了培育弘扬社会主义核心价值观的重大课题，显然是其来有自。

社会主义的道德风尚在新中国蔚然兴起，曾经那样地风靡于二十世纪中叶。邓小平同志曾经在改革开放中讲过，当年“这种风气不仅是中国历史上从来没有过的，而且受到了世界人民的赞誉”。然而可惜的是，这个在社会主义制度建立与实践中，同步兴起的社会主义道德风尚的成长道路，却是一波四折。半个多世纪以来，它先是与共和国一道遭受了十年“文革”的浩劫；接着便是全党工作重心转移到改革开放进程中，欧风美雨“里出外进”的浸洗濡染；再接着是西方“和平演变”在东欧得手的强烈震荡与冲击；最后又是市场经济中那两只“看不见的手”在搅动着、嬗变着人们的价值取向。至少在国民中出现了价值观上的多层次化，传统美德的弱化，社会道德文明水准的退化，光荣革命传统的淡化，这也许正是中央在本世纪初提出社会主义核心价值观的原因吧。

不管怎么“变”，怎么“化”，当我们回首来时路，却不能不说，中华民族真的很强大，很值得骄傲。人类经历了几千年的文明进程，堪称世界文化之源的“五大文明古国”，其他四大古国文明都已被历史淘汰灭亡，只有中国成了唯一的延续存在。近现代即使那般的积贫积弱，被西方列强豆剖瓜分、弱肉强食，想亡我中华都不可能，就连最强大的美帝国主义，最凶残的日本军国主义都成为我们的手下败将，而且打出了一个新中国，且跨过整整一个历史阶段，直接进入了社会主义。西方敌对势力几十年不遗余力地对新中国百般围剿，“冷战”“热战”“和平演变”手段用尽，连如此强大的前苏联乃至整个苏东阵营都被瓦解了，而社会主义的旗帜仍旧在960万平方公里的土地上高高飘扬，而且昂首挺胸地屹立在世界的东方，中国真的是太强大了。几十年来的瞩目成就，竟然令西方发出了“中国威胁论”。你管他别有用心也好，言过其实也好，总比让别人说我们是“瓷器”，是“东亚病夫”好吧？1840~1949年的一百零九年间，中国尽受别人的欺负、“威胁”了，我们也能让那些昔日列强有点“威胁感”，又有什么不好？更何况这是他们自己说的啊！我们并没吹嘘，也没有去做。几千年来我们侵略过谁呢？“反战”“非攻”“兼相爱，交相利”，中国古有墨子，近有周恩来、邓小平同志。这也是中华民族固有传统美德的延续吧！

生于忧患，死于安乐，这也当是中华民族的一个传统美德吧？几十年来尽管中国如此繁荣兴旺，但从邓小平生前一直到党的“十八大”以来，无论哪一届中央领导集体，从来都没有忘记过国之忧患。忧在何处，患在何处呢？

二十世纪八十年代末，邓小平同志曾经在半年的时间内四次提到：中国改革开放十年最大的失误在教育，在“对青年的政治思想教育抓得不够”“对人民的教育不够”，足见他的痛心疾首。他晚年时又提到了“国格”与“人格”的问题，讲道：“谈到人格，但不要忘记还有一个国格。特别是像我们这样第三世界的发展中国家，没有民族自尊心，不珍惜自己民族的独立，国家是立不起来的。”

（精装版《邓小平文选》第3卷331页。）

人们很少注意到邓小平的这一段话，但邓小平恰恰是在这里把“国格”“人格”提升到了事关“立国”的高度。

那么，什么是我们社会主义的“国格”呢？邓小平讲得很明白：“民族自尊心”“民族的独立”。

新中国一路走来，我们最大的尊严便是完全靠“自力”，靠“艰苦奋斗”，而达“更生”之境。对西方敌对势力的“冷战”“热战”“和平演变”，我们何曾有过屈服？也正是在这一前提下，我们才有真正的“民族独立”。这就是我们的国格。那么什么是我们中国人的人格呢？邓小平同志在这里没有讲，但他在1978年4月22日召开的全国教育工作会议上的讲话中，在讲到我们的教育培养目标时，至少提到与社会主义人格相关的各个方面：革命的理想，共产主义的品德，勤奋学习，严守纪律，艰苦奋斗，努力上进，爱祖国，爱人民，爱劳动，爱科学，爱护公共财产，助人为乐，英勇对敌，集体主义精神，专心致志地为人民工作，等等。这里的哪一条不属于社会主义人格的范畴呢？

2006年党的十六届三中全会，第一次提出了“建设社会主义核心价值体系”的历史性命题和战略任务。2007

年，胡锦涛同志在“6·25”讲话中又具体提出这个“体系”包括四个方面的内容：①马克思主义的指导思想；②中国特色社会主义共同理想；③以爱国主义为核心的民族精神和以改革创新为核心的时代精神；④社会主义荣辱观。这四个方面，一是信仰，二是理想，三是精神，四是道德文明，哪一个不在社会主义人格的范畴之内呢？党的十七届六中全会又提到了社会主义核心价值体系是“兴国之魂”。

2012年11月，在党的“十八大”上又用“三个倡导”把社会主义核心价值观概括为十二项：①倡导富强、民主、文明、和谐；②倡导自由、平等、公正、法制；③倡导爱国、敬业、诚信、友善。而且中办文件又把这“三个倡导”分为三个层面：第一个“倡导”的四项，是国家层面的价值目标；第二个“倡导”的四项，是社会层面的价值取向；第三个“倡导”的四项，是公民个人层面的价值准则。实际上前两个“倡导”的八项都是属于“国格”范畴，而第三个“倡导”是属于“人格”范畴。

那么，我们怎样才能在前面讲到的那些历史嬗变中培育建构起这个“核心价值观”呢？中共中央政治局的第十三次集体学习，似乎很明确地回答了这个问题。

新华社北京2014年2月25日电讯称：中央政治局在2月24日，以弘扬社会主义核心价值观，弘扬中华传统美德为内容，进行了集体学习，习近平总书记在主持学习时强调：

培育和弘扬社会主义核心价值观必须立足中华优秀传统文化。牢固的核心价值观，都有其固有的根本。抛弃传统、丢掉根本，就等于割断了自己的精神命脉。博大精深的中国优秀传统文化是我们在世界文化激荡中落稳脚跟的根基。中华文化源远流长，积淀着中华民族最深层的精神追求，代表着中华民族独特的精神标识，为中华民族生生不息、发展壮大提供了丰厚滋养。中华传统美德是中华文化精髓，蕴含着丰富的思想道德资源。不忘本来才能开辟未来，善于继承才能更好创新。对历史文化特别是先人传承下来的价值理念和道德规范，要坚持古为今用、推陈出新，有鉴别地加以对待，有扬弃地予以继承，努力用中华民族创造的一切精神财富来以文化人，以文育人。

习近平总书记的这段论述相当精辟，对于如何培育建构社会主义核心价值观问题从四个方面剀切明白。

第一，他明确指出要在中华优秀传统文化的基础上，来构造我们的社会主义核心价值观，而不能割断历史。这一条十分重要，否则我们便会失去我们的本来面目，便会成为无源之水，也就无法走向未来。

第二，指出了中华传统美德是中华文化精髓，蕴含着丰富的思想道德资源。这就为我们揭示了社会主义核心价值观，要以弘扬优秀的中华传统美德为基础。

第三，他指出，对传统文化在扬弃中继承，在继承中创新。这就是说，社会主义核心价值观的内涵，既要有优良传统的文化精神，也要有时代精神，是二者的有机结合。

第四，他指出要用中华民族创造的一切精神财富，来化人育人。这就是说，弘扬中华民族文化，并不只是传承儒学那些道统，而是要弘扬全民族共创的优秀传统文化。同时也就是说，培育、弘扬社会主义核心价值观的根本目的是化民、育人。

尤其值得瞩目的是，习近平总书记在这次讲话中提到了一个“中华民族独特的精神标识”问题，而在同年的全国组织部长会议上又提出我们再也不能以GDP论英雄的思想。让人欣慰的是，思想道德文化建设终于被提升到一个民族的标识地位，这至少表明中国人的思想观念，并不落伍于世界潮流。

并不受人欢迎的亨廷顿生前给他的祖国提出的警示忠告，竟是如何弘扬他们没有多少历史和文化的“传统文化”:“盎格鲁新教精神——美国梦”，以此为国家的“文化核心”问题。他讲道:“在一个世界各国人民都以文化来界定自己的时代，一个没有文化核心而仅仅以政治信条来界定自己的社会，哪有立足之地？”所以，他提醒他无限忠于的祖国，一定要巩固发扬他们自入居北美以来，在新教精神基础上形成的“美国梦”理念的“文化核心”地位，这样才能消解这个国家的民族与文化双重多元化的危机。为此，他甚至预言美国弄不好会在本世纪中叶发生分裂。而且他公开预言不列颠大英帝国也会因民族与文化多元化的问题，导致在本世纪上半期发生分裂。

西方的一些专家学者们也十分强调国家民族文化的地位问题，柏克说:“全世界的人根据文化上的界限来区分自己。”丹尼尔同样说:“保守地说，真理的中心在于，对一个社会的成功起决定作用的是文化，而不是政治。开明地说，真理的中心在于，政治可以改变文化，使文化免于沉沦。”这些语言也可能有它们的局限性与某种非唯物性，但至少可以让我们看到那些发达的资本主义国家在想什么，至少与马克思主义经典作家们，关于意识形态并不总是消极被动地接受它的经济基础的论断并不相悖。

中国显然具有世界上最悠久的民族文化，同时显然也拥有世界上最强大的政治优势。新中国包括它直接进入社会主义的经济形态，以及其后的一次次经济变革，哪一次不是靠政治力量在强力推动呢？它当然同样拥有让我们几千年的民族文化“免于沉沦”的能力。有学人认为我们的民族文化早就被以往一次次的历史性灾难割裂了，这个看法显然都是毫无道理的。但我们当下却确实面临着“两个传统”失传失统的危险。中国的传统文化与优秀的民族美德，在当代国民中还有多少传承？老一代中国共产党人用生命与鲜血铸就的光荣革命传统，在党内还有多少“光大”？我们现在全民族的“核心文化”到底在何处？“社会主义核心价值观”的提出不仅符合世界潮流，也是使我们优秀的民族文化得以传承而不发生历史断裂的根本保证。富和强永远都不是一个民族的标志，哪个国家不可以富，不可以强？但能代表中国“这一个”本来面目，具有自己民族特色的，唯有中华民族的文化，能代表中国人形象的只有中国独具的道德人格。什么是人格？人格就是原始戏剧中不同角色的本来面目。

综上所述，我们是不是可以这样认为，社会主义核心价值观应内含如下的成分：中华民族传统文化中的优秀传统美德；中国人民近现代反帝反侵略反封建的爱国主义、斗争精神与中国共产党领导下形成的几十年光荣革命传统；中国化了的马克思主义有中国特色社会主义的共同理想；与“中国梦”远大目标相适应的时代精神。由这些内涵构成的社会主义核心价值观，用它来干什么呢？用习近平总书记的话来说就是“化人”“育人”，把它再具体化一下，无非是打造能体现中华民族特色，代表中国形象的国格、人格。在思想道德层面上，一个国家的民族精神也只有在人的身上才能体现，所以我们依据社会主义核心价值观的基本要求，针对当代青少年的实际情况，策划了《中国人格读库》这样一套大型系列选题。

本套书承蒙全国少工委、中华文化促进会、团中央中国青年网三家共同主办推广，并积极提供书稿。难得高占祥老前辈热情出任该套书的编委主任，且高占祥同志不辞屈就加盟主创作者队伍。一些大学、中学教师与青年作者也积极加盟此套书的编写。该选题被国家新闻广电出版总局列为2014年全国社会主义核心价值观重点选题，在此一并鸣谢。

希望本套书的出版能为社会主义核心价值观的培育与弘扬，为促进青少年的道德人格养成起到积极的作用。欢迎广大读者与作家对不足之处批评教正，多提宝贵建议与指导意见。

谨以此代出版前言并序。

二〇一四年十月

于北京时代华文书局

引言

“国也者，积民而成。国家之主人为谁？即一国之民是也。”

——梁启超

大凡天才人物，总有一番常人难以企及的淋漓气象。

他少年得志，素有神童美誉，号称岭南奇才。4岁发蒙，9岁走笔千言，12岁中秀才，17岁中举人，19岁入万木草堂，师从康有为，聆其大海潮音，眼界大开，遂生维新之志。

他志在天下，拳拳报国之心，一朝得展英才。23岁参与组织公车上书，创强学之会，崭露头角。24岁总编《时务报》，撰《变法通议》，声名大噪。25岁任职湖南时务学堂总教习，人尽其才，风华正茂。26岁入京，受六品衔，奉旨办译书局，百日维新，风云激荡。同年戊戌政变起，流亡日本，创《清议报》，主持天下清议。

不同时期的梁启超

他鼓吹立宪，笃定改良之路，为之九死不悔。28岁组织发动庚子之役，勤王失败，不得其志。30岁创《新民丛报》，以常带感情之笔锋欲新天下之弱民；创《新小说》，倡“小说界革命”，以小说为文学之最上乘，文界为之一振。35岁组织政闻社，志在立宪。41岁领袖进步党，在熊希龄内阁任司法总长。

他力反帝制，顺应时代潮流，为之运筹帷幄。43岁与其爱徒蔡锷西南倒袁，发动护国运动，策动广西独立，如椽大笔扫千军。45岁随段祺瑞马场誓师，力抗张勋复辟，不惜与恩师分道扬镳。后任段氏内阁财政总长，不得志，终退出政坛。

他胸怀天下，身处江湖之远，心忧庙堂之高。47岁赴欧洲考察，探索国家出路，识东方文明之可贵；后洞察巴黎和会之弊，力促拒签合约，遂成国内五四运动之先声。

他博学多才，治学洋洋大观，堪称百科全书。50岁赴京沪等地演讲，宣传新知。53岁讲学于清华国学研究院，列四大导师之一，于史学、哲学、文学、经学、法学、伦理、宗教皆有不凡建树。

他57岁病逝于北京协和医院，京沪两地开追悼会，参与者甚众，时人谓其前半生是“长彗烛天，琼花照世”，暮年却是“光沉响绝”。

他便是梁启超。

梁启超（1873—1929），字卓如、任甫，号任公，别署饮冰室主人，生于广东新会一个半耕半读的家庭，是中国近代著名的资产阶级启蒙者。他起初从政，力倡立宪求民主，于立宪一派领袖群伦；而后治学，精研学理普新知，于学问世称百科全书。他以一支如椽巨笔划出篇篇雄文，在近代思想界独领风骚。

他是资产阶级维新派，所推行的主张难免从资产阶级立场出发，而不及广大人民，这是他的时代局限性。在国事陵夷的背景下，作为资产阶级维新派的梁启超在一没有实权，二受到地主贵族顽固派打压，三缺乏政治斗争经验的情况下，勉力而为，鼓吹立宪，呼唤民主，开启民智，顺应时代风潮，为中国的救亡图存做出了可贵的探索。

这已足以令他名垂青史。

目录

第一章　少年英才

耕读传家 / 001

幼年启蒙 / 003

少年神童 / 006

凌云壮志 / 009

乡试中举 / 011

第二章　维新之路

拜师南海 / 013

万木草堂 / 017

眼界大开 / 019

第三章　戊戌风云

痛心疾首 / 023

公车上书 / 025

立会强学 / 028

主笔时务 / 031

湖南新政 / 034

百日维新 / 039

第四章　海外流亡

初到日本 / 049

天下清议 / 052

庚子勤王 / 057

致力新民 / 059

文界革命 / 064

美国之行 / 067

第五章　立宪领袖

笔战《民报》 / 072

清廷立宪 / 076

结社政闻 / 079

办报《国风》 / 082

重归故国 / 086

梁袁合作 / 089
"第一流人才内阁" / 092

第六章　力反复辟
帝制逆流 / 098
发难西南 / 102
力促统一 / 111
对德宣战 / 116
联段讨张 / 119
与康有为分道扬镳 / 122
出任财政总长 / 125

第七章　江湖之远
启程赴欧 / 128
力拒签字 / 129
欧游心影 / 135

第八章　学者风范
潜心治学 / 140

授业南开 / 143
执教清华 / 145

第九章　流风余韵
大师长眠 / 150
俊秀满门 / 153
名垂青史 / 157

后记 / 161
梁启超年谱 / 164

第一章　少年英才

耕读传家

南国水乡，物产富饶，人杰地灵，历来是钟灵毓秀的风水宝地。一江水气将沿岸土地滋润得秀美肥沃，让生活在江水流域内的人民丰衣足食。而丰沛淋漓的水源也让沿岸土地在无形之中氤氲出比山地高原地区更为磅礴的俊秀之气。梁启超的家乡广东省新会县，便是地处珠江三角洲南端的一方水土。这里绿树相合，湖山相映，是一个依山傍水的美丽小城。

他的故事就从这里说起。

1873年2月23日，大清同治十二年正月二十六日，梁启超出生在新会南部的熊子乡茶坑村。此时距鸦片战争已经过去三十多年，距太平天国运动失败也已经有九年了。地处南疆的广东，是中国最早遭受欧美资本主义列强铁蹄践踏的土地。腐朽的清帝国既无力抵挡列强的坚船利炮与经济掠夺，又被国内此起彼伏的农民起义搞得焦头烂额。内外交困之下，统治阶层中的有识之士开始睁眼看世界，国门渐开，洋务渐起，师夷长技以制夷。救亡图存的历史就此展开，绵延跌宕近一个世纪。在这近一个世纪的时代风云之中，作为资产阶级维新派的杰出代表，梁启超从这里走向全国，在思想界独领风骚二十年。

广东新会梁启超故居

新会县熊子乡茶坑村，为梁氏祖居之地。村东有座熊子山，山上有座建于明代的凌云塔，塔共七层，挺拔俊秀，状如铁笔，故又俗称文笔塔。故老相传，正是有了这座文笔塔，茶坑村才出了梁启超这样一位学贯中西的大手笔。

梁启超出生的时候，梁氏族人已在此地世代经营两百多年了。梁氏祖上都是以农耕为业，至梁启超祖父梁维清，方才用力于学，生活中一边耕田种地，一边刻苦攻书，在其有生之年得中秀才，光大了梁氏门楣，一举使得梁家跻身于乡村士绅阶层，在当地，也算是终有一席之地。

梁维清，字延后，号镜泉先生，生于清嘉庆二十年乙亥，卒于光绪十八年壬辰。他做过八品教谕的小官，掌管一个县的教育事业。他采购图书，置办土地，过上了“半为农者半为儒”的生活。虽然还是富而不贵，但他梁维清在茶坑村，也算得上是一位大人物了。

祖父梁维清正式确立了梁家半耕半读的家族生活，但身无功名对封建时代的读书人来说始终都是一个莫大的遗憾。因此，镜泉先生对自己的子孙寄予了殷切的希望。

梁启超的父亲梁宝瑛，是梁维清的第三子，字祥徽，号莲涧先生，生于1849年，卒于1916年。梁维清对梁宝瑛倾力培养，期待儿子能在举业上争得一番功名。但梁宝瑛似乎天生不善此道，屡次考试都不是很顺利，最后成为一名教书先生，再与科举无缘，未能让镜泉先生得偿所愿。但梁宝瑛满怀济世之心，又办事公道，深得乡民尊敬。梁氏“田可耕兮书可读”的生活方式在父子两代的前后相承下，日趋稳固了。

幼年启蒙

梁家科举无名，恐怕是镜泉先生心中唯一的遗憾。他自己刻苦攻读，希望可以通过科举考试博得功名使梁家家族的地位更上一层楼，但遗憾的是，终其一生也只考中秀才，举业无望。儿子梁宝瑛虽然也努力攻书，但心有余而力不足，最后以教书为业，镜泉老人的希望再次落空。因此，梁启超这个孙儿的出生，给老人家带来了无尽的欢乐和期待。

两三岁的时候，梁启超便在母亲的教导下开始识字。梁启超的母亲赵氏，生于书香门第，聪慧娴淑，知书达理。她对儿子倾注了自己全部的爱，不仅教授他知识，更教授他为人处世的道理，耳提面命，一丝不苟。据梁启超本人回忆，他六岁时说了一次谎话，被母亲知道了。母亲叫他跪下，并用鞭子打了他数十下。母亲对他说："汝若再说谎，汝将来便成窃盗，便成乞丐。"梁启超不仅把母亲的言传身教铭刻在心，更是将母亲的教训奉为至理名言。

梁家在当地的经济条件尚算优裕，这为梁启超幼年的启蒙教育提供了物质基础。

1877年，这年梁启超五岁，在祖父和父母的指导下，他开始学习"四子书"和《诗经》。所谓"四子书"也就是四书，是指《论语》《孟子》《大学》《中庸》四部儒家经典的合称。对于梁家的这位长孙，祖父梁维清倾注了几乎全部的精力。梁家宅院后方，有一间小房子，这是镜泉老人为方便梁启超学习而专门修建的。白天，镜泉老人教孙子读"四书"，读《诗经》。到了晚上，祖父便给他讲历代的忠义英雄故事，同时不忘温习白天的功课。困倦之时，祖孙俩便同床而卧。聪颖的梁启超让镜泉先生很是满意。

梁家所在的新会县，距离崖山不远。崖山地处新会县南部，位于南海和银州湖的交界地带，西面有汤瓶山与之对峙，两山之间水通大海，如同一对大门一样，这就是崖门了。崖门古战场，则是南宋为元所灭的地方，也是南宋忠臣陆秀夫誓死不降负帝投海的地方。巧合的是，梁家祖坟就在崖门。每年清明时节，梁家族人乘舟扫墓，崖门古战场是必经之地。每每此时，镜泉先生便对孙儿讲述南宋史事，清壮激扬，慷慨悲歌。幼年梁启超在这种身临其境般的爱国主义精神洗礼之下，以身报国之心逐渐滋养起来。

祖父梁维清的循循善诱，激发了梁启超旺盛的求知欲。年仅五岁的他就已经跟随父亲将“五经”（儒家经典著作《诗经》《尚书》《礼记》《周易》《春秋》）读完。六岁的时候，父亲梁宝瑛将他带进茶坑村私塾，在这里梁启超学习了中国历史和古典诗书，同时也学习诗文写作，总体上接受了非常传统式的中国古典文化教育。而梁启超也没有让祖父及父母失望，天资聪颖的他九岁时就已经可以写出洋洋千字文通字顺的文章了。

梁启超也曾写到自己幼年的读书经历，除了四五岁时在祖父及父母的指导下读“四子书”与《诗经》外，“六岁后就父读，受中国史略、五经卒业。八岁学为文，九岁能缀千言，十二岁应试学院，补博士弟子员。日治帖括，虽心不慊之，然不知天地间于帖括外，更有所谓学也。辄埋头钻研，顾颇喜词章，王父、父母时授以唐人诗，嗜之过于八股。家贫无书可读，惟有《史记》一，《纲鉴易知录》一，王父、父日以课之，故至今《史记》之文能成诵八九。父执有爱其慧者，赠以《汉书》一，姚氏《古文辞类纂》一，则大喜，读之卒业焉”。幼年时期的教育为梁启超打下了稳固的国学根基，启蒙时期的教育效果是以后的教育所无法取代的。

少年神童

天资聪颖的梁启超勤奋好学，年纪轻轻展现出来的才华令梁家人振奋不已。祖父梁维清对这位孙子的培养可谓倾尽心力，父亲梁宝瑛更是不以常人视之。而梁启超小小年纪在学业上表露出的才华也未曾让梁家人失望。

有几个流传甚广的小故事，可以看出少年梁启超的聪慧不凡。

有一天，梁启超顽皮地爬上竹子做的梯子玩耍，祖父梁维清怕他掉下来摔着，急忙叫他下来。可梁启超不但不下来，反倒是继续又向上面爬了一级，看着祖父着急的样子，小小年纪的梁启超竟然脱口说出一句“有人在平地，看我上云梯”的话来，调皮捣蛋，却又机灵乖巧，让镜泉先生高兴得合不拢嘴。

有一次梁宝瑛的朋友到访，两人谈话的时候，在外面玩得满头大汗的梁启超回来从茶壶里倒了一大碗凉白开就要一饮而尽。这时父亲的朋友叫住他说，启超，我知道你识字很多，我来考考你吧。说罢就在一张纸上写下一个狂草的“龙”字，叫梁启超念给他听。梁启超看完，摇摇头表示不认识。客人便哈哈大笑。此时梁启超将倒好的一碗凉白开一口气喝完，客人见状，又笑道：“饮茶龙上水”。梁启超一抹嘴角，道：“写字狗耙田”。上下联都是新会俗语，梁启超的下联讥讽父亲的客人写字潦草，但对得却是极为工整，客人赞叹不已。

梁启超六七岁时，私塾先生张乙星以“东篱客采陶潜菊”为上联，让他对下联，梁启超对“南国人怀召伯棠”。上联典出陶渊明《饮酒》诗中“采菊东篱下，悠然见南山”之句，而梁启超所对的下联则出自《诗经·甘棠》，表达后人思念召公、爱其甘棠这一主题，对仗极为工整，令先生叹赏。

1882年年初，十岁的梁启超在父亲的陪同下前往广州参加童试。清代的科举考试包括四个阶段，分别是童试、乡试、会试、殿试。童试也叫童子试，是清代科考的第一部分，也是读书人参加科举考试必须走的第一步。

当时内河轮船还没有通航，应试众人常常结伴而行。从新会到广州，大概有三天路程。一帮读书人在一起，难免诗书答对，流连风雅，一显才华。一天，同行的应试者一同吃饭，见周边环境清新，游鱼戏水，青山倒影，颇堪玩味，顿生骚人意气。于是有人提议以正在吃的咸鱼为题，赋诗联句。十岁的梁启超颇有些自命不凡的味道，面对着一帮年龄上远长于他的兄长叔伯，忽起较技之心。当满座读书人正搜肠刮肚寻诗觅句的时候，才思敏捷的梁启超已经高声念道：“太公垂钓后，胶鬲举盐初”，立意高远，属对精工，引得满堂喝彩。太公即是姜太公，相传他渭水垂钓，辅助周武王灭商，建立周朝八百年基业。胶鬲则是商纣王时的大臣，愤恨纣王无道，遂隐遁经商，贩卖鱼盐，是历史上第一位盐商。梁启超这句诗正好对应着咸鱼的主题，堪称佳妙。从此，梁启超便获得神童的美名，颇有些少年得志的意味。

出门考试的梁启超随父亲在朋友李兆镜家借住。一天，梁启超见院子里的桃花盛开，煞是好看，便起个大早去摘花。结果却被父亲梁宝瑛看到，他赶忙将花藏在衣袖里面。父亲想教训他一下，便出了个上联要他对：“袖里笼花，小子暗藏春色。”才思敏捷的梁启超看到面前有一块大镜子，于是灵机一动，开口道：“堂前明镜，大人明察秋毫。”这一对，着实让父亲异常兴奋，感到自己的儿子当真了不得。这时候李兆镜也在场，恰巧仆人来告诉他出门要坐的马车已经准备好了，李兆镜便对梁启超说：“孩子，我还有一联：‘推车出小巷’。”梁启超思索片刻，答道：“策马入长安。”李兆镜很是惊诧，连声赞叹道：“果真神童！果真神童！”

这次考试，初出茅庐的梁启超没有考中。但这次广州之行，从小县城到繁华大都市的经历，让梁启超见了世面，拓展了眼界，更是激起了他立志向学的决心。

凌云壮志

十岁的梁启超广州赴试归来后，一心扑在了书本上。他如饥似渴地阅读着从广州买回的书籍，对新的知识孜孜以求。1883年，十一岁的梁启超读到清廷封疆大吏张之洞的《輶轩语》与《书目答问》，很受启发，开始明白什么叫学问。

1884年，梁启超十二岁，他第二次到广州参加学院考试，这回补博士弟子员，也就是考中了秀才。十二岁的年纪得中秀才，绝对算得上是一件引起轰动的事情。要知道，梁启超的祖父梁维清苦读终生，也才只考中秀才。因此，当时的广东省主考学政使叶大焯特地接见了包括梁启超在内的一批年纪比较小的新晋秀才，并亲自出题，“试以文艺”。而小小年纪的梁启超竟然能对答如流，条理清晰而又少有差错，着实令叶大焯震动不已。叶大焯惊叹之余，爱才之心溢于言表。既得叶大焯垂青，聪慧的梁启超随即跪倒便拜，向叶大焯陈述祖父梁维清七十大寿日期将近，想求学政大人祝寿文章一篇，使梁家门庭蓬荜生辉。梁启超的原话是这样的：“家有大父，今年七十矣，弧矢之期，在仲冬二十一日，窃愿得先生一言为寿，庶可永大父之日月，而慰吾仲父、吾父之孝思，且以为宗族交游光宠也。”今天看来，在梁启超的早慧和孝心面前，一般人也只有惊叹的份儿了。叶大焯也被梁启超的伶俐与孝心打动，一口答应，当即提笔作文。而当梁启超将这篇由广东学政亲笔撰写的祝寿文带回茶坑村时，整个梁家风光无限。十二岁的梁启超看着前来恭贺的人群，熙来攘往，一种由科考成功所带来的自豪感油然而生，对冲击更高的科举功名，梁启超踌躇满志。祖父梁维清自然也是高兴得老泪纵横，只有十二岁的孙子已然在举业上一举超过了自己毕生达到的最高成就，他对自己孙儿前途无量的未来更是信心满满。

1885年，梁启超十三岁。这一年，梁启超以秀才的身份进学，入广州学海堂继续学习。学海堂是由颇有文名的前两广总督阮元设立，与粤坡精舍、粤秀书院、粤华书院以及广雅书院并称广东五大书院，皆以汉学为主。乾嘉汉学以考据为中心，关涉词章、训诂、典章制度等方面，侧重考据、辨伪、辑佚、补正的文献学问，注重文献基本训练。虽然这些学问同直接用于博取功名的八股文之间有一段距离，但却是中国传统学问的基础功夫。从十三岁到十七岁，梁启超先后受业于广州吕拔湖先生，佛山陈梅坪先生、石星巢先生。三位老先生都具汉学根基，在他们的指导下，梁启超遍阅古代典籍，广泛接触各种学术流派，汉学底蕴渐丰，为其日后治学打下了坚实的基础。

学识日富，识见日广，对于科举一途，梁启超意气风发，自信可问鼎天下。“学成文武艺，货与帝王家”，是封建时代读书人的人生梦想，青年梁启超也概莫能外。家乡的凌云塔是他少年时代经常去玩赏的地方，他在这里曾写下这样一副对联：

凌云塔下凌云想，海阔天空，迢迢路长；

天竺国里天竺望，云蒸霞蔚，须臾妙相。

天才少年的凌云壮志，在这里已经呼之欲出了。

乡试中举

1889年，梁启超十七岁，入海学堂学习已近五年，期间还成为粤坡、粤秀、粤华等书院的外班生。广博的学识令他对科考踌躇满志，况且又年近弱冠，正是风华正茂的年纪，大有一番舍我其谁的气魄。这一年，梁启超参加广东乡试，一举中的，名列第八。如此青年才俊，自会有不少王公贵族对之青睐。这年广州乡试主考李端棻就对梁启超青眼有加，他请副主考王仁堪做媒，将自己待字闺中的堂妹李蕙仙嫁给了梁启超。王仁堪也非常欣赏梁启超，也曾想将自己的女儿嫁给这位才貌双全的少年才俊，但由于李端棻先他一步开口，也就只好作罢，道贺之余不免良叹可惜。

李蕙仙是李端棻的堂妹，是顺天府尹李朝仪的女儿。她是出身名门的大家闺秀，而又举止端庄、知书达理，年纪上长梁启超三四岁。乡村士绅家庭出身的梁启超没有想到“书中自有颜如玉”这样的美事竟然发生在自己身上，对这门亲事自是惊喜交加。梁启超在《悼启》中曾这样记述这件事情：“光绪己丑，尚书苾园先生讳端棻，主广东乡试，夫人从兄也。启超以是年领举，注弟子籍，先生相攸，结婚媾焉。”对梁家人来说，梁启超中举已经是天大的喜事，与高官联姻更是喜上加喜。这一年，十七岁中举的天纵英才又抱得美人归，梁启超声名大噪。中国传统有四大喜，其中二喜即是“金榜题名时”与“洞房花烛夜”，此时的梁启超春风得意，一举成名，算得上是天之骄子了。

同样也是这一年，梁启超从学海堂毕业。他这几年学业出众，有言“从学海堂专科生季课大考，四季皆第一”。其成绩骄人，自学海堂成立以来，只有江南才子文廷式曾获此殊荣。梁启超岭南奇才之誉，诚不虚妄。

第二章　维新之路

拜师南海

中举之后的梁启超继续在学海堂学习，温书作文，准备冲刺京师的会试。学如逆水行舟，不进则退，科举一途，何尝不是如此，总要朝着更高更远的方向前进，得中进士才算是功德圆满。

1890年春天，十八岁的梁启超赶赴京城参加会试。天资聪颖而又常年苦读的他，学识广博，对会试踌躇满志。但事与愿违的是，这次会试，梁启超却落第了。这让本来志在必得的梁启超心情低落到了极点。近代大诗人龚自珍曾在会试落第之后写过两首《夜坐》，第一首以“春夜伤心坐画屏，不如放眼入青冥”开头，第二首以“万一禅关砉然破，美人如玉剑如虹”结尾，抒发自己不得志的抑郁心情，其中心境大致应与梁启超此时此地相合。由此也可以看出举业的失败对那个时代知识分子所造成的巨大影响。

会试失败的梁启超只好打道回府，启程回广东。回程经过上海，梁启超在这里买到一本《瀛寰志略》，翻看过后，才知道世界原来有五大洲各国，眼界开始有所开阔。他自己曾在《三十自述》中提及此事说：“下第归，适上海，从坊间购得《瀛寰志略》，读之，始知有五大洲各国，且见上海制造局译出西书若干种，心好之，以无力不能购也。”

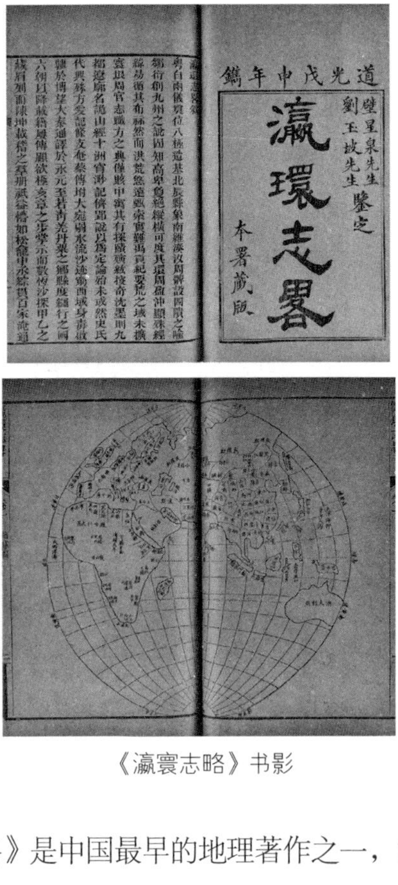

《瀛寰志略》书影

《瀛寰志略》是中国最早的地理著作之一，1848年成书，同魏源的《海国图志》并为中国近代较早传播世界史地知识的专著。这部书的作者是徐继畬，字健男，山西人，曾任福建巡抚。这本书较为全面地介绍了世界各国的历史与地理概况，并附有大量地图。书中所记载的各种新奇知识激起了梁启超非同寻常的求知欲，为之手不释卷。而这次的京师会试之行，也让梁启超得以领略中国政治文化中心的别样氛围，眼界得到进一步拓展，对国事陵夷、危机四伏的社会现状，也有了初步的感受。

回到广州后，梁启超继续在学海堂求学。这年八月，经同学陈千秋引见，梁启超认识了康有为，并做了康有为的弟子。

康有为书法

康有为，生于1858年，卒于1927年，亦名祖诒，字广夏，号长素，广东南海人，亦称南海先生，是在中国近代力主君主立宪的资产阶级维新派代表人物。康有为酷好公羊学，精研今文经学，主张经世致用，关心国运。他在1888年的时候进京参加举人考试，在北京城里更加深切地感受到列强环伺、民不聊生而清朝统治者又昏庸无能的国家危机。向来关心国事的康有为以平民身份向清廷皇帝上书，提出了“变成法”、“通下情”与“慎左右”的改革方案，这就是赫赫有名的《上清帝第一书》。然而处于醉生梦死中的清廷顽固派官吏却对此横加干涉，以致皇帝并没有看到康有为的上奏，这带给康有为非常沉重的打击。他回到广东之后，迁居广州，于1891年创办万木草堂，广收弟子，讲授西学，宣传维新理论，使一批学子得以大开眼界。

康梁二人初次会面之时，康有为三十三岁，梁启超十八岁。梁启超为其“非常异义可怪之论”所折服，甘心追随。他自己曾在《三十自述》中这样记述第一次与康有为会面时的情景：

时余以少年科第，且以时流所推重之训诂章学，颇有所知，辄沾沾自喜。先生乃以大海潮音，作狮子吼，取其所挟持之数百年无用旧学更端驳诘，悉举而摧陷廓清之。自辰入见，自戌始退，冷水浇背，当头一棒，一旦尽失其故垒，惘惘然不知所从事，且惊且喜，且怨且艾，且疑且惧。与通甫（陈千秋字通甫）联床，竟夕不能寐。

要知道，当日的梁启超虽然年轻，却已经是举人，康有为虽然年长，却仍是秀才。梁启超以举人之尊，毅然拜入身为秀才的康有为门下，可见康有为带给梁启超的震动之大，也足见梁启超执着强劲的求知欲。

拜师康有为，是梁启超生命中极富转折意义的一件事。从此之后，梁启超踏上维新立宪之路，也开始了师徒两人之间长达三十几年的恩恩怨怨。

万木草堂

康有为最初讲学于广州长兴里邱氏书屋，后学生渐多，书屋于1891年迁至长兴学舍，康有为亲自撰写《长兴学记》，以《论语》“志于道，据于德，依于仁，游于艺”为纲作为学舍的基本学规。至1893年，学舍再次乔迁到府学官仰高祠，门上一匾，上书“万木草堂”四字。主张“脱前人之窠臼，开独得之新理”的康有为将学馆命名为万木草堂 ，意在培植万木、为国家培养栋梁之才。“因将倾之大厦，必须有万木扶持，而非一木所能胜任，故欲集天下英才而教之，冀其学成，群策群力，以救中国。”这里环境清幽，尘嚣甚少，是个读书做学问的好地方。

万木草堂内景

草堂的学生年纪普遍在二十岁以下，都是颇有胸襟抱负的有志青年。生活上大家同吃同住，学业上切磋辩难，相处甚是融洽。而康有为的授课风格也不像一般私塾老师那般迂腐不化，只知照本宣科而不懂变通。他对教学的内容和形式做了很大的改变，把学习新知同救亡图存的时代大势结合起来。传统学问方面，康有为讲授今文经学、中国历史地理；西方新学方面，康有为主要教授哲学、政治学、数学以及世界万国史学。讲课之前，康有为往往先开列书目让学生预习，上课时组织学生讨论学习心得，互相辩驳。具体讲课时康有为不仅传达自己的观点，也会点评学生的观点，具有较强的针对性。博古通今的康有为在讲台上纵论天下大事，宣传自己的政治主张，讲到激动处常拍案叫绝。广博而新锐的知识加上思想上的碰撞，让草堂的年轻学子受益良多。梁启超认为自己一生学问之得力，全在于万木草堂，足见万木草堂的一段生涯对梁启超的影响之重。

梁启超曾经这样描述当日康有为讲课时的情景："先生每逾午，则升坐讲古今学术源流，每讲辄历二三小时，讲者忘倦，听者亦忘倦。每听一度，则各各欢喜踊跃，自以为有所创获。"

不得不说，康有为这样的教学方式的确能带给学生很多有益的启发。再加上康有为向来注重学生的实践能力，鼓励自学，梁启超等人便有机会参与到康有为自己的研究项目中来，或是帮助康有为搜集一些资料，或是代笔撰写某些章节。这些经历，对锻炼梁启超等年轻学子的实际能力是大有裨益的。

梁启超认为万木草堂的教育宗旨在于“激励气节，发扬精神，广求智慧”，事实上，万木草堂的教学目的便是为了培养维新志士，探求救亡图存的方向与道路。而康有为在实际的教学中也不忘初心，传道授业之时也纵谈自己的政治主张。这些都使得万木草堂具有了非常浓厚的政治色彩。岭南近代四家之一的梁鼎芬曾经送过康有为一首诗，极言康有为追随者日众，其诗云：

赠康长素布衣

牛女星文夜放光，樵山云气郁青苍。
九流混混谁真派？万木森森一草堂。
岂有疏才尊北海，空思三顾起南阳。
搴兰揽茝夫君意，憔悴行吟太自伤。

渴望变法图强的康有为确实以其宏博的学问、惊人的见解征服了万木草堂一帮思想活跃的年轻人，为变法维新培养了一大批人才。眼界初开的梁启超也渐渐开始了思想的飞跃。

眼界大开

梁启超于1891年正式拜入康有为门下。从1891年到1894

年，是梁启超在万木草堂倾力学习的四年，也是他19岁至22岁这四年黄金时间。本就思想活跃、积极进取，对新鲜事物抱有浓厚兴趣的他，恰巧在人生中风华正茂的年纪遇上了康有为这么一位知识渊博、而又思想先进且善于启发学生的好导师，因缘际会、珠联璧合，在这样的环境中，梁启超的学问与见识与日俱增。

梁启超在《康有为传》中说："先生讲学的内容，是以孔学、佛学、宋明学（陆王心学）为体，以史学、西学为用。"言明康有为授课既讲中国传统学问，又讲泰西新学，增进了学生对西方的了解。且康有为"每论一学、论一事，必上下古今，以究其沿革得失，并引欧美事例以作比较证明"。敏而好学的梁启超在这样的学习中刻苦自励，在诸位同窗之中出类拔萃，得到康有为的赞赏。康有为写作《新学伪经考》时即命梁启超做校勘，写《孔子改制考》时更有部分文字为梁启超代笔。

梁启超在《三十自述》中谈到万木草堂时期的这段读书生涯时说："辛卯（即1891年），余年十九，南海先生始讲学于广东省城长兴里之万木草堂，徇通甫与余之请也。先生为讲中国数千年来学术源流，历史政治沿革得失，取万国以比例推断之。余与诸同学日札记其讲义。一生学问之得力，皆在此年。"可见万木草堂这一段生涯对他的影响很大，为他一生的学术和事业打下基础。

在万木草堂的四年，梁启超逐步接受了康有为的社会改良思想，成为一名维新志士。少年时代曾感受过科举功名所带来的成功喜悦的梁启超自此不再以科举为是，而逐渐成长为一位民族资产阶级的改良主义者，为探索救国之路奋斗终生，在中国近代救亡图存的时代大势中勇立潮头，成为一代启蒙宗师。

同样是入万木草堂的这一年，梁启超与李蕙仙成婚了。李端棻将一切结婚事宜安排停当，只等梁启超进京。从新会县走出来的梁启超娶到了京兆公李朝仪的女儿，内阁大学士李端棻的堂妹，无疑是一件令新会县父老乡亲感到光彩与自豪的事情。婚礼举行当日，道贺者络绎不绝，甚是热闹。康先生也在梁启超进京前赋诗相贺，表达对爱徒的祝贺与期盼：

道入天人际，江门风月存。
小心结豪俊，内热救黎元。
忧国吾其已，乘云世易尊。
贾生正年少，诀荡上天门。

成婚后的梁启超在京城风光一时之后，便于1892年夏，偕妻子李蕙仙南下，返回广东，在家乡读书一年有余。此间他专心研究新学，阅读了大量江南制造局所翻译的西方书籍，同时又学习了英国人傅兰雅所编著的《格致汇编》一书，思想上大受启发，维新变法的主张日益坚定。回乡的梁启超在书斋里畅游做学问，而他的新婚妻子李蕙仙则开始了家庭主妇的新生活。梁家在当地虽然算是大户人家，但和京城的李家相比，却还是差得很远。大家闺秀的李蕙仙初来乍到，听不懂夫家的乡音，但却很快融入了这里的生活，尊老爱幼，操持家务，赢得梁家老少的尊敬与喜爱，使得在外读书的梁启超再无后顾之忧。多年后李蕙仙谢世，梁启超在给妻子的《悼言》中深情回忆刚到广东时妻子对家庭的付出：

先室李夫人，实贵筑京兆公讳朝仪之秀女，累代清门，家学劭茂……启超故贫，濒海乡居，世代耕且读，数亩薄田，举家耕耘。夫人以官族生长北地，嫁炎乡一农家子，日亲井臼操作，未常有戚容。

梁启超对妻子的感激之情溢于言表。

第三章　戊戌风云

痛心疾首

历史安排康梁二人会面于多事之秋的晚清帝国，面对列强侵略、吏治朽败、民不聊生的社会现实，素怀报国之志的师徒二人于维新变法一途可算是一拍即合。诚然，摇摇欲坠的清帝国统治阶层之中，并非没有识大体的忠臣义士，像张之洞、左宗棠等封疆大吏为挽救危亡也曾力兴洋务，但终究没有改变国家衰弱的根本，不能帮中国摆脱亡国的危机。救亡图存的历史使命落在了资产阶级维新派人士的肩上。

康有为在1893年参加乡试，成为举人，时年36岁。他的变法维新理论确如大海潮音一般在众多知识分子中产生了广泛影响，但却因为其理论损害了统治阶层的利益而招致顽固派的敌视。1894年清廷给事中余晋珊就曾上书皇帝，诬陷康有为“惑世诬民，非圣无法”，请求捉拿康有为，并焚毁其著作《新学伪经考》。后虽经梁启超等多方奔走，从中斡旋，康有为才幸免此劫，但其著作依然被要求焚毁，禁止流传。这次风波算得上是地主阶级顽固派与资产阶级维新派的一次小小冲突，但却是日后巨大冲突的前兆。而历史也证明，顽固派对资产阶级维新派的绞杀绝对是不遗余力、赶尽杀绝的。

第一次会试以失败告终的梁启超于1894年再度赴京赶考，与夫人李蕙仙住在粉坊琉璃街的新会邑馆，与日后的朋友汪康年来往密切。1894年，是近代中国的多事之秋。这一年，中日甲午海战爆发，清廷水师接连失利，平壤一战，痛失朝鲜，黄海一战，又遭溃败，畏敌的李鸿章主张“避战保船”，更是干脆把北洋舰队滞留威海卫，将海上控制权对日本拱手相让。后日本进军辽东半岛，奸淫掳掠无恶不作，大有吞并中国之势。梁启超等一帮爱国志士忧心如焚，四处奔走疾呼，反对乞和，主张坚决抵抗，但小小一个举子，人微言轻，不受重视，只能徒呼奈何。此时的梁启超空有“一腔孤愤肝肠热”，却遭事实打击，“万世蹉跎髀肉生”，失意之极。然而此时的紫禁城内，清廷统治者正大张旗鼓地操办慈禧太后的六十大寿，大兴土木，百官朝贺，俨然一派歌舞升平气象，全然对北京城已经哗然的舆论充耳不闻。悲愤不已的梁启超决定暂时离开北京，并将妻女送到贵州暂避时难。离京南下的梁启超在途中听到大连、旅顺先后落入敌手的消息，一腔气愤难平，作《水调歌头》一阕，倾吐衷肠：

拍碎双玉斗，慷慨一何多。满腔都是血泪，无处着悲歌。三百年来王气，满目山河依旧，人事竟如何？百户尚牛酒，四塞已干戈。

千金剑，万言策，两蹉跎。醉中呵壁自语，醒后一滂沱。不恨年华去也，只恐少年心事，强半为销磨。愿替众生病，稽首礼维摩。

清朝统治者在甲午战争中的表现让梁启超失望透顶，以慈禧太后为首的顽固派的醉生梦死更是让梁启超痛心疾首。国难当头，民不聊生，腐朽的清朝政府即将把中国送往灭亡的末路穷途。这让梁启超再一次坚定了变法图强的雄心壮志。

公车上书

1895年春，梁启超与康有为再次赴京应试。这次会试，康有为得中进士，列第八名，而梁启超却名落孙山。坊间相传，此次会试的主考徐桐、副主考李广田等人都极端痛恨维新变法的论调，考生但凡发挥变法论说的一律弃之不予录取。而梁启超的考卷却将康有为素来擅长的“非常异义可怪之论”发挥得酣畅淋漓，以至于考官们一致认定出自梁启超之手的考卷必定是康有为所作，遂决定弃之不录，而真正的康有为考卷却被主考徐桐亲点，得以高中，滑稽之极。据说当时批阅梁启超考卷的李广田却是对其文章的纵横气势与斐然文采大加赞赏，还在试卷末端写上“还君明珠双泪垂，恨不相逢未嫁时”的抱憾诗句。梁启超对此次会试失利倒也十分看得开，他的胞弟梁启勋[1]说他“自此次出万木草堂之后，未尝再入住，学生生活可以谓之止于是岁。盖见国事日非，已渐有慷慨激昂之态矣”。此时的他已渐渐地将功名之念看淡，而将一腔热血投入到变法图强救国救民的时代大业中去了。

相较于地大物博的清帝国，一水相隔的日本不过一弹丸之地，然而1894年爆发的中日甲午战争却竟然是以清政府的失败而告终!

1895年春，北洋水师全军覆没，日本逼迫清政府签订《马关条约》，割让辽东半岛、台湾岛及其附属岛屿、澎湖诸岛，赔款日本军费白银二亿两。而如此丧权辱国的条约，腐败无能的清廷竟然一面派遣李鸿章负责签署，一面紧锣密鼓地准备迁都，俨然将国家安危置于不顾，这引起了在京应试举人的愤怒，使大家决心抗争。台湾举人更是痛心疾首，有泪如倾。

此时的梁启超奉康师南海先生之命，连夜到各省会馆串联应试举人，以国家兴亡、匹夫有责的民族大义相号召，在场举

---

① 梁启勋（1876 ~ 1965），字仲策，二十世纪著名词学家，梁启超最大的弟弟。

人无不心潮澎湃，爱国之心拳拳。在梁启超的多方奔走之下，4月22日，以康有为、梁启超为首的广东、湖南两省举人率先联名上书，要求拒绝签署《马关条约》，随后的24日、26日、28日及30日，各省举人一起到都察院请愿，据相关记载，当日的场面是“人山人海，衣冠塞途，奏章如雪片飞入”，足见声势之盛。

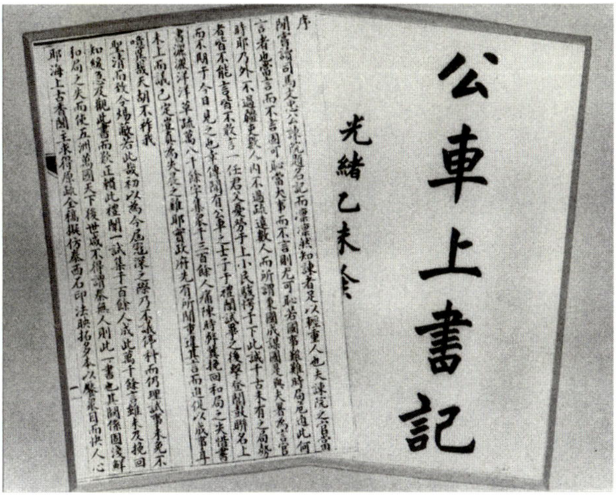

康有为撰写的《公车上书》

随后，康有为、梁启超邀请18省举人联名上书。5月2日，数百人集会于松筠庵的柬草堂。康有为草就《万言书》，也即《上清帝第二书》，由梁启超在会上宣读，分析当今时局，探求救亡之路：“窃以为今之为治，当以开创之势治天下，不当以守成之势治天下；当以列国并立之势治天下，不当以一统垂裳之势治天下”；“穷则变，变则通”；“窃为皇上筹自强之策，计万世之安，非变通旧法，无以为治”。

康有为在文章中向清政府提出“拒和”“迁都”“变法”三项建议，得到与会举人的一致认可。

5月4日，以康梁及麦孟华为首的数百举人成群结队开往都察院，递呈上书，却不料都察院竟予拒收。其时，清政府签订《马关条约》已成定局，康梁等人虽声势浩大，但终究无力回天。

立会强学

公车上书虽然以失败而告终，但却激起了广大知识分子的爱国热情，广泛传播了维新变法的救亡思想，这让康梁等人认识到舆论的重要性。他们开始着手准备自己的舆论工具，打算创办报刊，动员社会力量，以便可以更广泛更有效地传播维新思想。1895年8月，《万国公报》的创刊几乎就是顺理成章的事情，成为维新派宣传变法思想的大本营。

《万国公报》由康有为出资，梁启超与麦孟华等负编辑总责，是近代中国的第一份报纸，为双日刊，每册皆有编号。其主要内容包括两大方面：其一是传播西方先进知识，向国内介绍西方资本主义国家的政治、经济、文化、风情、史地等方面的信息；其二便是宣传维新思想，传达富国强兵、养民教民之道，极力鼓吹变法维新。梁启超认为“欲开民智，先开官智”，主张由上至下的启蒙方式，因此《万国公报》创刊初始，便附官报《京报》发行，“遍送士夫党人”，每天免费外送千余份给京城王公大臣，希望获得他们的支持与认可。刚开始的时候，王公大臣们读到《万国公报》上的文章时，皆觉惊骇，认为其言论大逆不道，然而坚持读过几十份报纸过后，慢慢又发现康梁等人所宣传的新法也确有不少可取之处，以此“渐知新法之益”。由此，《万国公报》由刚开始外送的一千余份慢慢增长到三千份，影响力逐渐扩大。

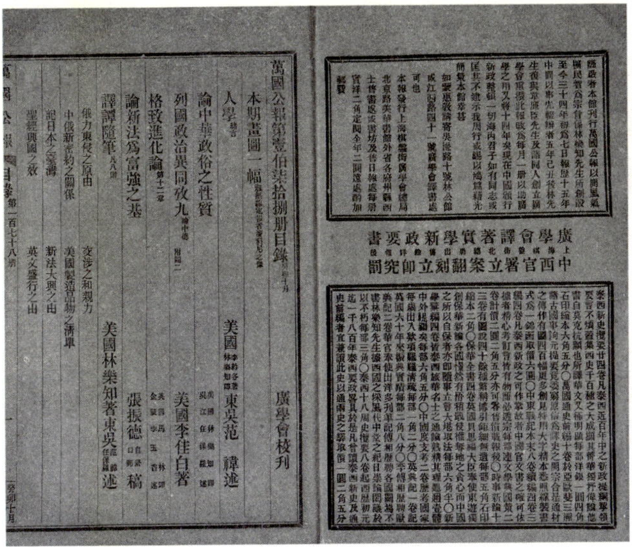
萬國公報第壹伯柒拾捌册目錄

廣學會校刊

本册畫圖一幅

人學 美國林樂知 東吳范禕述

論中華政俗之性質

列國政治異同攷九 附圖二 美國李佳白著

格致進化論 第十二章

論新法爲富強之基 張振德稿

譯譯隨筆 美國林樂知著 東吳范禕述

俄力東侵之原由　交涉之和親力

中俄新密約之關係　美國製造品物之清單

記日本之臺灣　新法大興之由

聖經興國之效　英文盛行之由

萬國公報 目錄 第一百七十八册 癸卯十月

廣學會譯著實學新政要書

中西官署立案翻刻立即究罰

《万国公报》

随着《万国公报》影响力的不断增强，维新派决定成立强学会来巩固增强目前的宣传效果。经过康有为、梁启超的多方活动，1895年11月中旬，强学会正式成立，成员包括康梁等维新人士，内阁学士孙家鼐任名誉会长，刑部侍郎沈曾植、工部主事陈炽以及翰林院编修丁玄钧、张孝谦任总董。此外，强学会的成员还包括文廷式、袁世凯、徐世昌等人。从成员上看，康梁属维新派，陈炽、文廷式等属光绪帝帝党官员，而袁世凯、徐世昌则属于政治投机分子。总的来看，强学会虽然汇集了一批在政治上比较有影响力的人物，但其成员组织上依然是十分松散的。

梁启超是强学会的书记员，负责起草组织章程。他在为强学会所起草的章程中规定强学会的主要活动有四项内容：其一是定期集会，宣传变法，扩大影响力；其二是购置书籍，设立图书室，以广开民智，提高国民素质；其三是译书，即翻译西方先进书籍，也是旨在宣传新知、开启民智，强学会也称译书局，可见译书一事之于强学会的重要性；其四是办报。维新派已创办《万国公报》在先，强学会成立后，便将《万国公报》改名《中外纪闻》，作为强学会的会刊，继续履行其宣传维新变法的舆论之责。与此同时，梁启超成为《中外纪闻》的主笔，该刊大部文章都出自梁启超笔下。

维新派的舆论宣传让一部分开明士绅耳目一新的同时，也让顽固派势力惴惴不安，恨不能除之而后快。而历史也证明了，无权无势的维新派也的确难逃顽固派的魔掌。

北京的强学会一度受到弹劾，康有为首当其冲，不得不南下上海，暂避锋芒，由梁启超全面主持会务。到上海后的康有为同梁鼎芬一起组织创建了上海强学会，成为江浙一带维新人士的大本营。此时强学会南北共立，维新运动呈现一派生机。但是好景不长，1896年1月，清政府下令解散南北两地强学会，随后《中外纪闻》也被勒令停刊。清政府将强学会改为官书局，隶属于总理衙门，专门负责翻译西方书报，而梁启超则被排斥在外。

自此，康梁苦心经营的维新团体与舆论阵地不复存在。

主笔时务

凝聚康梁等人心血的强学会与《中外纪闻》在封建顽固派势力的扼杀下毁于一旦，这也使得康梁等人在相当一段时间内为变法维新所做的努力烟消云散。梁启超自己分析强学会失败的因由，将之归结为当日风气未开，国民对维新思想尚不了解，因此他认为办报造舆论大势、促进国民对维新思想的了解、培养维新人才应该成为接下来为之奋斗的重点。因此，梁启超开始了新的奋斗历程。

1896年3月，梁启超应黄遵宪之邀离开北京城到达上海。黄遵宪、汪康年等人是原上海强学会的成员，在两地强学会强行被封禁之后，他们利用强学会的剩余资金在上海创立了《时务报》，梁启超则应黄遵宪之邀南下上海担任《时务报》主笔。从此，梁启超以一支凌云健笔，撰写了一系列鼓吹维新变法的有力文章，开始在晚清的中国言论界崭露头角。《时务报》所在的上海也由此成为继北京之后的维新运动基地。

《时务报》为旬刊，由汪康年出任总经理，报纸大部文章则出自梁启超之手。《时务报》以宣传维新思想、开启民智、救亡图存为办刊宗旨，注重介绍中外时事，也载有奏折、论说类文章。此时的梁启超不过二十四岁，正是意气风发的年龄。他以青年人初生牛犊不怕虎的独特魄力以及旺盛的精力投入到《时务报》的工作中，在文章中较为全面地宣传自己的维新主张以及改良措施。其文章洞察敏锐、立论深刻、论说透辟，而又平易畅达、辞采斐然，解答了困扰当日中国维新变法的许多问题。他又敢于抨击时政，敢言他人所不敢言之事，一时之间使得作为维新派喉舌的《时务报》成为风靡全国的重要报刊。他曾不无自豪地说："甲午挫后，《时务报》起，一时风靡海内，数月之间，销行至万余份，为中国有报以来所未有，举国趋之，如饮狂泉。"而梁启超本人也从此开始声名鹊起，以至于"士大夫爱其语言笔札之妙，争礼下之。通邑大都，下至僻壤穷陬，无不知有新会梁氏者"。

"凌云健笔意纵横"，本是诗圣杜甫盛赞南北朝大诗人庾信晚年诗作的话，此处用来形容《时务报》时期梁启超的淋漓文字可谓再合适不过。主笔《时务报》时期，梁启超最精彩的论说要算是《变法通议》一篇雄文，而这篇文章也是梁启超在主笔《时务报》时期的思想精华。

在这篇文章中，梁启超非常明确清晰地揭示了中国变法的势在必行与变法举措两大基本问题，也就是中国为什么要变法、怎样变法的问题。梁启超提出“变亦变，不变亦变。变者，天下之公理也”的观点，指出世易时移，不可墨守成规的进化论观点，批判了顽固势力的迂腐不化、因循守旧，为中国的变法维新正名，打出了理论上的依据。而具体到如何变法的问题，梁启超则在文中写道：“变法之本，在育人才；人才之兴，在开学校；学校之立，在变科举；而一切要其大成，在变官制。”指出了制度层面的不得不变，无论是育人才、开学校、变科举，其精要即在于破旧立新、普兴民权。这也是梁启超所代表的维新派所追求的事业。变法维新固然不是一件可以一劳永逸的事情，梁启超“变亦变，不变亦变。变者，天下之公理也”的论述已经接触到这个问题，但他还进一步指出变法事业“一食而求永饱者必死，一劳永逸者必亡”的观点，清晰明白地告知天下，维新改良是一个需要不断深化、不断完善的过程。这不仅对当日岌岌可危急需变法图强的中国有指导性意义，对我们今天已经进行到攻坚阶段的改革开放依然非常具有启发性意义。

除了《变法通议》，梁启超还撰有《与林迪臣太守书》《西学书目表》等数十篇文章用以宣传维新改良，仿效日本进行君主立宪，开民智兴民权，探讨了改革中各方面会遇到的问题。可以说，《时务报》时期梁启超撰写的以《变法通议》为代表的诸篇文章，事实上已成为日后百日维新的指导纲领，为戊戌变法提供了理论参考。

才华横溢的梁启超以《时务报》为挥洒才情的大舞台，以一支生花妙笔为中国的维新运动大造舆论声势，时人开始以康梁并称。如果说公车上书、强学会时期的梁启超还是康有为麾下一员大将，受节制较多的话，主笔《时务报》的梁启超俨然已经成为可以独当一面的人物了。

湖南新政

随着《时务报》影响力的逐步扩大，梁启超本人也得到越来越多的关注，像张之洞这样的封疆大吏也曾对梁启超青眼有加。

1897年春，二十五岁的梁启超南归探亲，取道武昌拜访张之洞。当日的张之洞乃是一方实权人物，同时也是清廷官僚中洋务派的代表。听闻梁启超来访，张之洞极为高兴，甚至破例打开武昌城门以示欢迎。张之洞本想以礼炮迎接梁启超，但当询问属下时，得知按理只有钦差与督抚到来时才可鸣礼炮时，方才作罢。相传梁启超到访当天，正赶上张之洞的女儿出嫁，一说是张之洞的侄儿娶老婆，正是宾客满门的时候。但张之洞却丢下前来道喜的客人们不顾，独独与梁启超一夜畅谈，想把梁启超网罗至自己的幕僚中，邀请他出任每月薪酬为一千两百金的两湖时务院长，梁启超虽固辞不就，但张之洞礼贤下士的作风却还是令梁启超非常感激。相传，张之洞还曾出一上联探查梁启超是否真有才学。张之洞的上联是："四水江第一，四时夏第二，先生居江夏，谁是第一，谁是第二？”四水指的是长江、黄河、黑龙江和珠江四条大河，四时则是指春、夏、秋、冬四季。张之洞借地名“江夏”，以第一流学者自居。梁启超稍加思索，便对出下联：“三教儒在先，三才人在后，小子本儒人，何敢在前，何敢在后！”三教指儒、道、佛；三才则指的是天、地、人。梁启超这个下联，虽然因年纪较张之洞甚轻而自称“小子”，实则自命不凡，不卑不亢，令张之洞不得不叹服。

诚然，作为清廷封疆大吏的张之洞的确不可能欣赏梁启超在《时务报》上发表的那些反动言论，但毫无疑问的是，张之洞是看中了梁启超本人出众的才华，若是能为己所用，也是大大的美事一桩。可惜，张之洞的期望最终落空。也大概是因为这次梁启超对张之洞的拒绝，使得素来对维新派并无好感的张之洞对梁启超也不再客气。

梁启超回到上海后仍然主笔《时务报》，并于1897年6月与汪康年、麦孟华等在上海创立了不缠足会，开始大力宣传放足运动。9月份，梁启超又同维新派人士在上海集股创办大同译书局，促进了西学的传播。

表面上《时务报》同仁勠力同心，报社事业蒸蒸日上，但其组织内部却并非如此。因政治见解不同，梁启超与汪康年时有摩擦，而黄遵宪与汪康年之间本就不睦，也是矛盾不断。汪康年曾是张之洞的幕僚，梁启超于1897年9月份在《时务报》上发表的《知耻学会序》就激怒了张之洞。这位两湖总督不仅下令禁止该期《时务报》在其管辖地区发行，更是授意曾经的幕僚汪康年干预梁启超在《时务报》的言论，甚至对梁氏的文章字句任意删改，使得梁启超无法正常工作。而此时的黄遵宪与汪康年之间的矛盾更是逐渐上升到水火不相容的地步。其后，黄遵宪调任湖南长宝盐法道并代理湖南按察使，而谭嗣同等人也正在湖南筹办时务学堂。黄、谭二人力邀梁启超出任湖南时务学堂的中文总教习。梁启超也欣然接受，于是年11月奔赴长沙，开始了人生中的一段新旅程。

维新运动方兴未艾的湖南，正是具有新思想、敢想敢干的维新派人士一显身手的风水宝地。而维新运动之所以得以在湖南进行得如火如荼，自然是少不了前期强学会、《中外纪闻》以及《时务报》的宣传影响。

湖南巡抚陈宝箴，也是中国近代史上青史留名的人物，他是清末四公子之一陈三立的父亲，国学大师陈寅恪先生的祖父。陈宝箴主政湖南，受两湖总督张之洞节制。张之洞热心洋务，轻视维新，陈宝箴却不然。在各省巡抚之中，陈宝箴要算是最为开明的一个。他较为支持维新派，敢于启用维新派人士。从1895年调任湖南巡抚之后，他就以开化湖南为己任，行新政、设工厂、办学堂，甚至用官费订购《时务报》在各衙门中间传阅，解放了湖南官僚的思想，使得湖南的维新事业蒸蒸日上。

梁启超抵达长沙迈入时务学堂的时候，学堂已经招收了蔡锷、林圭等四十名学生。刚入长沙的梁启超身上有着太多光环，颇得湖南各界人士的关注。梁启超抵达长沙的第二天，时务学堂便在曾忠襄祠设宴为他接风洗尘，参宴士绅名流众多。作为言论界骄子的梁启超自是不能错过这个宣传维新思想的好机会，他发表演讲时抛出石破天惊般的“以湘之才，用粤之财”来挽救中国的观点，在湖南的思想界产生巨大反响。

身为中文总教习的梁启超在时务学堂充分运用了当年康有为创办万木草堂时的经验，强调学以致用，注重培养学生的实践能力。梁启超亲自制定了时务学堂的《学约》十章，内容包括“立志”、“养心”、“治身”、“穷理”等。在时务学堂这一方自由的天地里，梁启超充分发挥着一个天才的禀赋，大力宣传自己的维新变法理论。和老师康有为所主张的缓进理念不同，梁启超认为中国大地日渐沦丧，民众已然害病已久，非猛药不足以起其沉疴，非彻底改革不足以唤醒民众。因此在时务学堂，梁启超在广泛介绍西学的同时，对顽固旧学大加挞伐，思想渐趋激进。像老师康有为一样，梁启超讲课提倡自由讨论，以活跃学生思想，他提倡民权，力争平等，批判君权，揭露清廷的腐败无能，在大清国事陵夷、江山满目疮痍的大时代中，时务学堂中那些抱有拳拳爱国之心的热血青年无不为梁启超的维新理论所折服，为其思想锋芒所震动，为国家之国将不国而慷慨激昂！

经历了强学会被封禁、《时务报》遭掣肘岁月的梁启超，在湖南时务学堂似乎得到了一种可遇不可求的自由。在恣意挥洒自己的才华中，在酣畅淋漓地宣传自己的维新理论中，在与蔡锷、唐才常等人的侃侃而谈中，梁启超感到无比的痛快。对他这样一个满腹才华、锋芒毕露且又热心维新改良、力图重整乾坤的人来讲，仅仅是在学堂里传道授业解惑是显然不够的，他希望能切实地将自己的理论付诸实践，在晚清的时代转变中实现变法图强的理想。为此，他在时务学堂担任教职的同时，也在为湖南的维新运动出谋划策，协助巡抚陈宝箴和按察使黄遵宪推行新政。梁启超认为湖南应办的事情有三：其一开民智；其二开绅智；其三开官智。1897年12月，梁启超还致函陈宝箴劝他据湘自立，以应对来日大难，但陈宝箴并未接受。

本来梁启超在时务学堂宣传维新思想就已经引起了湖南守旧势力的极大恐慌。以王先谦为首的守旧派指责梁启超一干人行事伤风败俗，思想妖言惑众，诬其为“离经叛道，惑世诬民”，“忤逆连篇累牍，乃知志在谋逆”，对梁启超进行恶毒的人身攻击。而当梁启超劝陈宝箴以湖南自立，并在《论湖南应办之事》一文中论及湖南自立之后所应办之事的时候，湖南的守旧派似乎再也坐不住了。以王先谦为首的守旧派开始了对梁启超等人的疯狂迫害，一度致使梁启超险象环生，生命受到威胁。先是时务学堂中文分教习韩文举和叶觉迈等人相继被辞退，梁启超本人也于1898年正月身患重病，不得不赴上海就医，自此离开湖南。流亡日本后的梁启超回忆起湖南时务学堂的这段经历，仍然信心满满，他在《戊戌政变记》中这样写道：

自时务学堂、南学会等既开后，湖南民智骤开，士气大昌，各县州府私立学校纷纷并起，小学会尤胜。人人皆能言政治之公理，以爱国相砥砺，以救亡为己任，其英俊沉毅之才，遍地皆是。其人皆在二三十岁之间，无科第，无官衔，声名未显著者，而其数不可算计。自此以往，虽守旧者日事遏抑，然野火烧不尽，春风吹又生，湖南志士之志不可夺矣。

百日维新

甲午之战，号称天朝上国的大清朝战败，被迫与弹丸之地的日本签订丧权辱国的《马关条约》，割让辽东半岛、台湾岛、澎湖列岛，赔偿日本军费白银两亿两，使中国半殖民地化的程度大大加深，国家主权受到前所未有的践踏，国已不国。

国家兴亡，匹夫有责 。抱病返回上海的梁启超心中愤恨不平，维新运动得以如火如荼进行的湖南，自己一手建立起来的维新阵地，如今却不得不含恨而别。回想自己走出新会以来的生活经历，上京会试失败不以为意，而跟随恩师康有为参与组织公车上书，想要上达天听，却事与愿违，难得上闻；组织强学会，主笔《中外纪闻》，宣传维新，宣传改良，却横遭封禁，无可奈何；主笔《时务报》，依然是宣传变法，宣扬维新，却遭同仁掣肘，愤恨离开；任时务学堂中文总教习，介绍西学，志在维新，却身遭迫害，愤懑而别。如今国家危在旦夕，顽固派官僚仍不知进退，不以国家大事为重，专以个人名利为务，始终不肯放弃那些既得利益，不肯为救国保家做出一点牺牲，反而对维新志士始终采取迫害打压的政策。而广大民众虽然思想禁锢渐开，但传统观念仍旧根深蒂固，虽有猛药，奈何时间短暂，良可叹息！

但想到自己那些正在为维新变法而奋斗的师友，那些为改良社会而抗争的学生，梁启超颇感欣慰。谭嗣同、夏曾佑、黄遵宪一帮志同道合的朋友因维新之志而相聚，蔡锷、林圭等一帮高材生因改良救国而相遇。所幸，志士仁人仍在，民众奋起之心仍在，国家富强之希望仍在。想到此处，病中的梁启超精神为之一振，对友人说出如此豪言壮语：

吾国人不能舍身救国者，非以家累即以身累，非破家不能救国，非杀身不能成仁。目的以救国为第一义，同此义者皆为同志。吾辈不论成败是非，尽力做将去，万一失败，同志杀尽，只留自己一身，此志仍不可灭，仍须尽力进行。

其为国家肝脑涂地的爱国热情与一腔豪气可见一斑。

回到上海后的梁启超专心养病，过着平淡的与世无争的生活。但他的头脑却从未忘怀过国家大事，从未忘怀过自己为之奋斗的维新强国的梦想。

1897年，德国借口“曹州教案”出兵强行占领胶州湾，到1898年，德国又逼迫清政府签订不平等条约，致使沙俄、英国、法国竞相效仿，掀起了一股瓜分中国的狂潮。此时的中国，已被西方资本主义列强视为刀俎上的鱼肉，任由他们宰割。

此时的清政府内部也发生了一些变化。老佛爷慈禧太后还政于光绪帝。读过西书、眼界较为开阔的光绪皇帝面对着摇摇欲坠的帝国基业，滋生起决不当亡国君主的坚定信念。他意识到要想挽救时局，就必须有所作为。在他的周围集结了一批力图以改革挽救清廷的官僚群体，称为帝党。而在慈禧太后身边，则聚集了一批顽固派官僚群体，称为后党。帝党要求变革以拯救衰微的帝国，而后党则因为变革势必损害自身利益而极力反对。两党之争在所难免。而光绪帝亲政，无疑让维新派看到了一丝希望的曙光。

1898年1月，面对列强瓜分中国的狂热企图，康有为与梁启超先后上书清廷，力陈时势，请求变法。

1898年3月，二十六岁的梁启超病愈入京，正逢沙皇俄国强索旅顺、大连事件发生。在京举人义愤填膺，梁启超与麦孟华联合两广、云南、贵州、山西、陕西、浙江各省举人一百多人，上书都察院，请求拒俄变法，坚决反对割让旅顺、大连给沙俄。再次入京的梁启超置身于救国救民的时代浪潮中，再次感受到第一次公车上书时候的澎湃激情。同样是国难当头仁人志士肝脑涂地，同样是百千人相聚一堂，同样是为国家兴亡奔走呼号。同样的场景，同样的心境，梁启超心里蕴藏着新一轮的政治热情。

1898年4月，梁启超多方奔走，与康有为一道创立了保国会，以保国、保种、保教为宗旨，力图将全国各地维新志士团结在一起。梁启超大声疾呼："夫天下之事可为、不可为，亦其有定哉？人人知其不可而不为，斯真不可为矣；人人知其不可为而为之，斯可为矣。使吾四万万人者，咸知吾国处必亡之势，而欲厝之于不亡之域，各尽其聪明才力之所不能及者，以行其分内所得行之事，人人如是，而国之亡犹不能救者，吾未闻也！"慷慨激昂的演说感染着维新志士，将变法之风推行到全国各地。但因保国会组织松散，成员又相对复杂，很快便在顽固派的破坏下土崩瓦解了。

保国会之后，梁启超又甘冒天下之大不韪，联合百余名举人上书，请求废除八股取士制度。他在《请变通科举折》中认为废八股后，应改为考察经济六科与政治外交，切实使应考的举人们胸有实学，以适应未来国家发展的需要。科举制度源于隋朝，考试内容最初并非八股，至明代方将科举考试的题目限制在四书五经的范围内，文体则严格限定为八股文。此制绵延至清，作为取士敲门砖的八股早已成为读书人赖以加官晋爵的有效手段，可以说其兴废关系到清帝国封建制度的根基。梁启超此番上书请求废除八股，绝对是一件一石激起千层浪的大事，遇到的阻力绝不会小。流亡日本后，梁启超也在《戊戌政变记》一文中提到过当时上书时守旧势力反对的场景：

书达于都察院，都察院不代奏，达于总理衙门，总理衙门不代奏。当时会试举人集辇毂下者，将及万人，皆与八股性命相依，闻启超等此举，疾之如不共戴天之仇，遍播谣言，几被殴击。

从这一小段记述当中，我们可以想见当日梁启超上书之难以及他的处境之危。致力于变法图强的梁启超为国家安危已经无所畏惧，这也恰恰是古往今来爱国志士面对威胁的共同态度。

光绪皇帝朝服像

光绪皇帝亲政使维新派有机会将其变法理论付诸实践。早在1888年，也就是康有为第一次上书的时候，奏折虽然没有上达到皇帝手中，却被光绪皇帝的老师翁同龢读过，并大加赞赏。素有改良之志的光绪皇帝读到1895年康有为的第三封上奏时很是喜悦，而翁同龢在同康有为接触后也感到十分投机。于是决心力挽狂澜的帝国皇帝和一帮立志办法图强的维新志士一起，开启了中国近代史上可歌可泣的一段历史。

1898年6月11日，光绪皇帝正式颁布“明定国是”的诏命，维新变法正式开始。光绪帝于该月16日召见康有为，与他在颐和园勤政殿内商谈变法事宜，任命其为总理衙门章京行走，准以专折奏事。而梁启超则是在7月3日被光绪帝召见，命呈《变法通议》，得赐六品衔，奉旨办理京师大学堂及译书局事务。清廷惯例，举人被皇帝召见，上可得翰林，下可得内阁中书，梁启超却只被赐予六品衔，实在有违常理。原来是因梁启超不会讲“官话”，操一口方言的梁启超与光绪皇帝的交流存在语言上的障碍，以至于二人间的谈话可能不太投机。没有被光绪帝重用，没有如愿进入变法的核心团队，梁启超心中不免有些遗憾，但这毕竟是梁启超梦寐以求的机会，一个将自己一腔抱负实现的机会。

随后，光绪帝发出了一系列政令，推行新政。概括来讲，这些政令一是废旧，如废八股、废书院、裁冗官等；二是立新，如改革财政、鼓励开矿、翻译西书、广开言路等。这些政令集中体现了梁启超等维新派人士的主张，光绪皇帝的信任使他们信心倍增，猛药起沉疴，决心一除朝廷的积弊。

然而，频出的政令在让梁启超等人品尝到成功喜悦的同时，也遭到了顽固派守旧势力的强烈抵抗。上有政策，下有对策，切身利益受到新政损害的守旧派官僚对光绪皇帝的诏令却是阳奉阴违，政令虽好，却无人执行，皇帝诏书不过是一张废纸，致使政令难出紫禁城。而慈禧太后之所以允许光绪帝变法，不过是考虑到《马关条约》签订之后国内民怨沸腾，威胁到清廷统治。老佛爷不过是想着让光绪皇帝做做样子，给天下一点安慰，安抚一下民心。等到统治危机过去，天下还是她慈禧说了算，不可不谓是老谋深算。而缺乏政治斗争经验的光绪帝及梁启超等人却有些一厢情愿地沉浸在实施变法的喜悦之中，对执行政令官员的敷衍了事洞察不够，对所处政治环境的险恶浑然不觉，对以慈禧太后为首的守旧势力的反扑更是毫无招架之力。

1898年6月15日，慈禧太后威胁光绪帝将帝党领袖翁同龢革职查办，光绪帝从此失去左右手，维新派也丧失了一位在朝野内外德高望重的有力强援。也是这一天，慈禧太后还逼迫光绪帝下诏，宣布以后凡是二品以上官员授予新职，都必须到慈禧那里谢恩。这样一来西太后又将清廷高级官员的任免权握在手中。与此同时，握有天下兵马大权，统领清政府甘军、武毅军、北洋军三支武装力量的直隶总督荣禄也是慈禧的亲信。如此一来，军政大权尽数被慈禧太后收入囊中，光绪皇帝已然被架空。

1898年9月，清廷的军机大臣们纷纷要求慈禧太后训政。视维新派如洪水猛兽的守旧派官僚们再也坐不住了。此时的光绪帝心下了然，虽忧心如焚却无奈势单力薄。9月15日，一筹莫展的光绪帝让杨锐带出密诏，告知慈禧太后天津阅兵的阴谋，敦促康梁等人设法相救。此时的梁启超心急如焚，心知光绪皇帝一旦被废，不仅变法成果将毁于一旦，自己一干同仁亦必定性命不保。惊慌失措之际，康梁想到了袁世凯。此时的袁世凯统领北洋军，在军界有一定地位，又曾经加入强学会，梁启超认为他具有维新思想，便将保皇的希望寄托在他的身上。在政界摸爬滚打多年的袁世凯自然心中有数，光绪帝和慈禧太后二者之间孰强孰弱他心里清清楚楚。若是政治上站错了队伍，他袁世凯不仅政治前途不保，性命亦可堪忧。因此，光绪帝虽两次召见袁世凯，许以高官厚禄，袁世凯始终虚与委蛇，把对光绪的忠心表演得天衣无缝。以至于当谭嗣同到他的住处北京西郊法华寺向他出示光绪帝密诏，要他在天津阅兵之际，诛杀荣禄时，厚颜无耻的袁世凯竟能拍着胸脯保证："若皇上在仆营，则诛荣禄如杀一狗耳！"而年轻的梁启超与谭嗣同则被袁世凯这条老狐狸耍得团团转，对其信以为真，以为营救光绪帝指日可待。殊不知袁世凯在9月20日返回天津后就把光绪帝与维新派的计划对直隶总督荣禄和盘托出，而荣禄则快马加鞭，入京报告了慈禧太后。此时的光绪帝与维新派已经大难临头。

9月21日凌晨，慈禧授意荣禄将光绪帝囚禁在中南海瀛堂。慈禧对光绪一顿训斥，随后宣布垂帘听政，并下诏抓捕维新党人。身为囚徒的光绪皇帝，结束了自己一生中最辉煌的帝王生涯，十年后郁郁而终。

政变发生的时候，康有为在光绪皇帝的提前预警下已经提前离开北京。而梁启超与谭嗣同却还在南海会馆商讨营救光绪帝之后的相关事宜，为保皇成功后的变法事业出谋划策。此时的梁启超听到光绪帝被囚禁的消息，不禁仰天长叹。光绪召见命办译书局时的情景，变法维新时的一幕幕都浮现在他的心中。昨日还在进行中的变法大业，今日却成了梦幻泡影，自己为之奋斗的理想再一次被现实击得粉碎。有感于此，梁谭二人抱头痛哭，为光绪，为被捕的同仁，更为未尽的维新事业。

在谭嗣同的劝告下，梁启超逃往日本使馆，而谭嗣同则坚决不肯出逃，他那番慷慨激昂的话语至今仍被人们提起：“各国变法无不从流血而成，今中国未闻有因变法而流血者，此国之所以不昌。有之，请自嗣同始。”

在狱中，谭嗣同依旧豪迈过人，留下“我自横刀向天笑，去留肝胆两昆仑”的绝笔，从容就义，令世人仰慕至今。

光绪帝被囚禁，戊戌六君子被杀害，康梁等人出逃，曾经让维新志士们热血沸腾的变法运动就此烟消云散。梁启超的一番心血付诸东流。残酷的事实证明，势单力薄的资产阶级维新派想依靠一个没有实权的光绪皇帝来实现变法强国之梦的道路是行不通的。

第四章　海外流亡

初到日本

戊戌政变发生，清廷以康梁为首恶，大肆抓捕维新党人。梁启超远在新会县茶坑村的家人也未能逃脱魔爪，被清廷抄家。所幸有当地官员庇护，梁启超的家人被短暂拘禁后释放。其父梁宝瑛带领全家老幼南下澳门避难。

仓皇逃命的梁启超在日本驻华代理公使林权助的帮助下进入日本领事馆寻求庇护。林权助积极安排梁启超赴日事宜。他请在北京办事的天津领事馆领事郑永昌护送梁启超到日本驻天津领事馆，随后又逃过清廷追击，登上停泊在塘沽的日本军舰“大岛”号。军舰于9月26日起航归日，梁启超也终于脱险。

“百日维新”的失败，带给梁启超不小的打击。对梁启超而言，这次失败不仅仅是一次政治上的失败，更是自己为之奋斗的梦想的破灭。不仅如此，自己的恩师生死未卜，自己的维新好友命在旦夕，妻儿老小更是杳无音讯，自己则漂洋过海到异国避难。朋友、家人、事业，已经没有哪一样是现在的自己能够顾得上的了。此时的他只是一个流亡者，是真正的背井离乡的孤家寡人，形状未免有些凄凉。

天空固然广阔，大海固然浩瀚，世界之大，哪里才是他梁启超可以施展抱负开创一番伟业的圣地？他愤怒，他抑郁，他黯然神伤，他有着太多太多等待抒发的情感。千头万绪凝结成一首荡气回肠的《去国行》：

呜呼！济艰乏才兮，儒冠容容。
佞头不斩兮，侠剑无功。
君恩友仇两未报，死于贼手毋乃非英雄。
割慈忍泪出国门，掉头不顾吾其东。
东方古称君子国，种族文教咸我同。
尔来封狼逐逐磨齿瞰西北，唇齿患难尤相通。
大陆山河若破碎，巢覆完卵难为功。
我来欲作秦廷七日哭，大邦犹幸非宋聋。
却读东史说东故，卅年前事将毋同。
城狐社鼠积威福，王室蠢蠢如赘痈。
浮云蔽日不可扫，坐令蝼蚁食应龙。
可怜志士死社稷，前仆后起形影从。
一夫敢射百决拾，水户萨长之间流血成川红。

尔来明治新政耀大地，驾欧凌美气葱茏。
旁人闻歌岂闻哭，此乃百千志士头颅血泪回苍穹。
吁嗟乎！男儿三十无奇功，誓把区区七尺还天公。
不幸则为僧月照，幸则为南洲翁。
不然高山蒲生象山松荫之间占一席，
守此松筠涉严冬，坐待春回终当有东风。
吁嗟乎！古人往矣不可见，山高水深闻古踪。
潇潇风雨满天地，飘然一身如转蓬，披发长啸览太空。
前路蓬山一万重，掉头不顾吾其东。

“前路蓬山一万重，掉头不顾吾其东”，包含多少心酸和无奈。

初次踏上日本土地的梁启超在友人的帮助下安顿下来，不久听到家人已经在澳门避难的消息，心中的一块大石总算得以落地。为避清廷耳目，梁启超给自己取了一个日本名字：吉田晋。梁启超认为：“日本自维新三十年来，广求智识于寰宇，其所译所著有用之书，不下数千种，而尤详于政治学、资生学（即理财学，日本谓之经济学）、智学（日本谓之哲学）、群学（日本谓之社会学）等，皆开民智强国基之急务也”，因此他埋头书斋，刻苦学习日文，广泛涉猎日本书籍，思想为之一变。他曾这样描述这时的自己：

自居东以来，广搜日本书而读之，若行山阴。道上，应接不暇，脑质为之改易，思想言论若出两人。

哀时客（梁启超笔名之一）既旅日本数月，肄日本之文，读日本之书，畴昔所未见之籍，纷触于目，畴昔所未穷之理，腾跃于脑，如幽室见日，枯腹得酒，沾沾自喜。

在广博的阅读中，梁启超的思想更加成熟，渐渐超脱出康有为学说的藩篱，对中国的变法维新事业有了更深刻的认识。自此，梁启超开始了他长达14年的流亡生涯。

天下清议

1898年12月23日，在旅日华侨冯镜如、冯紫珊及林北泉等人的资助下，梁启超在日本横滨创立《清议报》。《清议报》为旬刊，每隔十日出版一次，每月出版三册，报社社址设在日本横滨居留地一三九番，即139号。在该报第一期刊出时，梁启超曾撰写《清议报叙例》一文，言明《清议报》的四大宗旨：

一、维持支那之清议，激发国民之正气。

二、增长支那人之学识。

三、交通支那、日本两国之声气，联其情谊。

四、发明东亚学术，以保存亚粹。

所谓支那，即是英文China的日文音译，是日本社会对中国的俗称。从上述四项办报宗旨来看，梁启超是将《清议报》当作自己宣传政治主张的工具，而事实也的确如此。梁启超对报刊的宣传作用认识得比较清楚。他在《论报馆有益于国事》一文中说，“觇国之强弱，则于其通塞而已。血脉不通则病，学术不通则陋”，而要想“去塞求通”，梁启超认为“厥道非一，而报馆导其端也”。他表白心迹说：“横流益急，晦盲依然，喉舌不通，病及心腹。虽蚊虻之力无取负山，而精禽之心未忘填海。上循不非大夫之义，下附庶人市谏之条。私怀救火弗趋之愚，迫为大声疾呼之举；见知见罪，悉凭当途。若听者不亮，目为诽言，摧萌拉蘖，其何有焉！或亦同舟共艰，念厥孤愤，提倡保护，以成区区，则顾亭林所谓‘天下兴亡，匹夫之贱与有责焉’已耳。”

《清议报》的创立使梁启超拥有了发表言论的前沿阵地。他在开篇序言里这样说道：“盖夫烈士谭君嗣同之言也，曰‘世界万国之变法，无不经流血而成，中国自古未有因变法而流血者，此国所以不昌也，有之，请自嗣同始’。呜呼！吾闻谭君之言，始焉而哀，终焉而喜，盖我支那数十年以来，正如严冬寒冱，冰泽腹坚，及有今日之事，乃所谓一声春雷，破蛰启户，自此以往，其必有仁人志士，前仆后继，以扶国家之危于累卵者。”此时的梁启超以天下为己任，像当年主笔《时务报》之时一样，他将全部精力投入到一篇篇雄文的撰写中，一如既往地宣传民权自由，揭露清廷的腐朽卖国，引进西方的政治学说，谈国事、谈国耻、谈革命，发表与中国命运息息相关的措辞言论，得到海内外有识之士的交口称赞。在家乡嘉应州（今梅县）读到《清议报》的黄遵宪，就对报纸赞叹不已。他在1902年写信给梁启超说："《清议报》胜《时务报》远矣！"

梁启超在《本馆第一百册祝辞并论报馆之责任及本馆之经历》一文中谈到《清议报》的特色有三：其一，倡民权。这是梁启超为之奋斗半生的理想，从师从康有为有维新之志开始，提倡民权、力主民主政治就是他从政生涯中始终抱定的主题。其二，衍哲理。顾名思义，就是为中国人民传播西方先进的思想知识。闭关锁国多年的中国在许多方面远远落后于西方列强，要想迎头赶上，必须恶补。这也是在"新一国之民"的应有之义。其三，明朝局。挖掘重大政治事件的真相，使其大白于天下。经历过戊戌变法的梁启超对百日维新的惨败刻骨铭心，西太后的阴谋毒手、顽固派的祸国殃民，他都将事实真相予以揭露，指奸责佞。其四，厉国耻。泱泱中华甲午一战败于弹丸之地的日本，言内政府昏庸腐朽，民不聊生，言外列强虎视眈眈，国将不国。梁启超解释其含义为："务使吾国民知我国在世界上之位置，知东西列强待我国之政策，鉴观既往，熟察现在，以图将来，内其国而外诸邦，一以天演学物竞天择优胜劣败之公例，疾呼而棒喝之，以冀同胞之一悟。"这四项特色可以说就是《清议报》的精髓所在，总在"广民智，振民气而已”。

在这样的理念之下，梁启超在《清议报》上发表了一系列文章，其主要内容有二：其一，揭露清政府的腐朽昏聩，笔锋直指慈禧太后。在《六君子纪念会》一文中，梁启超将清政府称为“伪政府”，抨击“伪政府不以外患为事，而惟以练兵勒饷为仇民之计”；在《书十二月二十四日伪上谕后》一文中，历数慈禧太后罪状，痛切淋漓：“西后于祖宗之法也，其便于己者则守之，其碍于己者则变之。吾于是不能不叹其用心之悍，而操术之狡矣。虽然，西后之变法，又岂止此一事而已。祖宗之法，不许母后临朝，而西后乃三次垂帘，浸行篡弑之法；祖宗之法，不许外戚炳国，而西后纵荣禄身兼将相，权倾举朝；祖宗之法，不许奄宦预政，而西后乃昵李联英（即李莲英），黩乱宫闱，卖官鬻爵；祖宗之法，不许扰民聚敛，而西后乃兴颐和园，剥尽脂膏，供己欢娱；是天下勇于变法者，莫西后若也。彼以变法之故，而自戕其身，自覆其家，自绝其族，自作自受，曾何足怜，而独恨我二十一省膏腴之壤，四百兆衣冠之伦，何罪何辜，而一并断送于其手也。”梁启超又说：“今日中国之病根何在?即西太后之政府也。”

其二，力主破坏主义，提倡民权自由。梁启超认为布新必先除旧，“欲布新而不欲除旧，未见其能济者也。”老大中华积弊已久，修修补补已经无济于事，唯有猛药起沉疴，彻底打破旧成法，才有复兴的希望。他在《自由书——破坏主义》

一文中讲道：“今日之中国，积数千年之沉疴，合四百兆之痼疾，盘踞膏肓，命在旦夕者也。非去其病，则一切调摄滋补荣卫之术，皆无所用。故破坏之药，遂成为今日第一要件，遂成为今日第一美德。”

由此可见，此时因戊戌政变而对顽固派势力恨之入骨的梁启超，在思想上已经渐渐倾向革命。后他虽然与孙中山等人过从甚密，但终因康有为的干涉而与之分道扬镳。

这期间，梁启超还陆续撰写了《戊戌政变记》《论变法必自平满汉之界始》《独立论》《自由书》等大块文章，纵谈国事，对清政府毫不客气，致使清廷不断采取措施限制《清议报》的发行。面对如此情形，梁启超也有相应的对策。当时的《清议报》在横滨印刷完毕后经海运送往上海租界，再由租界运到大陆各省。当时《清议报》在国内的销售处曾多达38处，多设置在租界地带，清政府无权过问。也因此，被清政府严禁发行的《清议报》在国内畅销至约4000份，受众数万人。

但明枪易躲暗箭难防，《清议报》还是难逃清廷的魔爪。1901年12月22日，第一百期《清议报》出版完毕的第二天，报馆被大火烧毁。相传是因为慈禧太后愤恨《清议报》对她的攻击，派人去日本捉拿梁启超等人，失败后仍不甘心，便买凶放火，将《清议报》报馆烧个精光。

三年心血毁于一旦，梁启超悲愤难平。他挥笔写下著名的长诗《志未酬》来表达自己此刻愈挫愈勇的心境，诗云：

志未酬，志未酬，问君之志几时酬？志亦无尽量，酬亦无尽时。世界进步靡有止期，吾之希望亦靡有止期。众生苦恼不断如乱丝，吾之悲悯亦不断如乱丝。登高山复有高山，出瀛海更有瀛海，任龙腾虎跃以度此百年兮，所成就其能几许？虽成少许，不敢自轻，不有少许兮，多许奚自生？但望前途之宏廓而寥远兮，其孰能无感于余情。吁嗟乎，男儿志兮天下事，但有进兮不有止，言志已酬便无志。

《清议报》给了梁启超一个畅所欲言的平台，梁启超也因由《清议报》得以闻名海内，从此之后，梁启超再不是康有为麾下的先锋官，而是逐渐成长为一位中国的言论界骄子。

庚子勤王

一度落寞的梁启超，从未放弃变法维新、救国救民的希望。在日本期间，他曾数次向日本政府请求帮助光绪帝复位，将中国变法维新的希望寄于日本的帮助，但终究无济于事。心知借助日本等列强助中国变法已无成功希望的梁启超同老师康有为一起积极组织自立军，准备发动武装勤王运动，营救被慈禧太后幽禁的光绪皇帝。

1899年7月，康有为在加拿大创立保皇会，其《保皇会草略章程》第一条开宗明义，保皇复位，希望能够借助华侨的资金和人力支持壮大保皇会声势，向慈禧太后施加压力，救出光绪帝再图变法维新。经过康梁的奔走运动，保皇会组织不久即星罗棋布于日本、南洋、美洲、澳洲及中国香港澳等地。

在保皇会建立不久，唐才常东游日本，与康有为、梁启超共谋武装勤王。唐才常，字伯平，号佛尘，湖南浏阳人，与谭嗣同是同乡。两人在长沙时务学堂时并称“浏阳二杰”，是梁启超志同道合的朋友。康梁与唐才常商定由唐才常在国内组织军队，得到了资产阶级革命派领袖孙中山的支持。1899年冬，唐才常在上海创立正气会，后又在此基础上创建自立会，开始着手准备勤王运动。这年12月，慈禧太后欲废黜光绪帝的消息传出，无疑给正在进行中的勤王运动添加了催化剂。

1900年5月27日，义和团运动爆发。这是一场席卷华北的农民武装运动。他们以“扶清灭洋”为口号，对抗西方传教势力，击杀天主教徒，焚毁基督教堂，甚至连日本使馆书记杉山彬也成了义和团的刀下亡魂。义和团运动的迅速发展使清政府极为惊恐，西方列强早已对积贫积弱的大清帝国虎视眈眈，如今内乱又起，清政府在义和团的剿抚问题上举棋不定，陷入内外交困的境地。梁启超认为这是挽救戊戌变法败局的大好时机，积极谋划武装勤王运动。

这年六七月间，唐才常联络会党组成的自立军已经达到十万人之众，以“救国自立”相号召。当时唐才常率军驻扎在汉口，准备以武汉为中心，在7月里同时在安徽、江西、湖南等地发动起义，后立即分兵北上，解救被慈禧太后囚禁的光绪皇帝。

这一年，梁启超二十八岁，负责筹款及联络事宜。他于1900年初应美洲保皇会之邀前往檀香山。在这里，梁启超极力宣传保皇主张，讲明勤王起义的重大意义及胜利在即的希望，为国内勤王运动大造声势，并广泛联络美洲、澳洲、南洋等地的华侨，劝他们慷慨解囊，资助这次勤王起义。通过梁启超的多方奔走和宣传鼓动，他募集到数十万元的善款，为国内的勤王运动提供了源源不断的经费支持。此外，梁启超还极力联络各路英豪参加勤王起义，团结所有能够团结的力量，为勤王事宜做着巨大的努力。

然而事与愿违的是，8月初时，自立军要勤王起义的消息已经风传，两湖总督张之洞已暗中加强防范。唐才常因等待军费到位而延期起义，致使安徽的秦力山等人如约起兵，孤军奋战，溃不成军。随后，张之洞得知唐才常起事的计划，于1900年8月21日将其逮捕，次日唐才常被斩首，起义以失败告终。

勤王失败，梁启超深受打击。自己极力为之奔走的事业一而再、再而三地为腐朽的清廷所覆灭，他虽心有不甘，却也无可奈何。

致力新民

1901年，《清议报》报馆被一把大火烧毁的这一年，曾经轰轰烈烈的义和团运动在八国联军的绞杀下烟消云散。八国联军攻入北京，慈禧太后仓皇逃难，作为明清两朝帝都的北京城被洗劫一空，北京城内生民涂炭。

1901年9月7日，大清光绪二十七年，农历辛丑年，清政府与英、美、日、俄、法、德、意、奥、比、西、荷十一国签订《辛丑条约》，标志着中国完全沦为半殖民地半封建社会。

社稷倾覆，国家危亡!

《清议报》被迫停刊后，梁启超于1902年2月8日，在日本横滨再创新报，即《新民丛报》。《新民丛报》的经费为梁启超从广智书局暂借，社址在横滨山下町一五二番。报纸为半月刊，农历每月初一、十五日出版。从1903年2月起又改为每月十四日、二十九日发行。1907年8月停刊，前后历时六年，总共出版96号。

在《新民丛报》的创刊号上，梁启超在《本报告白》一文中讲明该报的三项办报宗旨，原文抄录如下：

一、本报取大学新民之义，以为欲维新吾国，当先维新吾民。中国所以不振，由于国民公德缺乏，智慧不开，故本报专对此病而药治之，务求中西道德以为德育之方针，广罗政学理论以为智育之本原；

二、本报以教育为主脑，以政治为附从。但今日世界所趋重在国家主义教育，故于政治，亦不得不详。惟所论务在养吾人国家思想，故于目前政府一二事之得失，不暇沾沾词费也；

三、本报为吾国前途起见，一以国民公利公益为目的，持论务极公平，不贪偏于一党派；不为灌夫骂座之语，以败坏中国者，咎非专在一人也；不为危险激烈之言，以导中国进步当以渐也。

为宣传西学，梁启超大量阅读西方哲学社会科学著作，在报刊上撰文介绍孟德斯鸠、卢梭等人的政治思想，促进中国的思想启蒙。他说："有新学术，然后有新道德，新政治，新技艺，新器物，有是数者，然后有新中国，新世界。"始终突出一个"新"字，表明自己的启蒙主义立场。此时30岁的梁启超以超人的精力投入《新民丛报》的工作中，指点江山，激昂文字。这一年，梁启超开始采用千古流芳的笔名"饮冰子"，在《新民丛报》上发表文章。"饮冰"一词，典出《庄子》："今吾朝受命而夕饮冰，吾其内热与？"梁启超的书斋以"饮冰室"命名，他自号饮冰室主人，以"饮冰者"自励。"如人饮水，冷暖自知"，饮冰岂不更加深刻？可见面对国事蜩螗的中国现实，梁启超的心中是多么焦灼。也正是有了这份忧国忧民的爱国之心，梁启超的文章才会自有一种魔力，令无数读者为之倾倒。

刚刚创刊的《新民丛报》编辑人员匮乏，一应事务几乎全由梁启超包办，他整日思如泉涌，手不辍笔，每天常常写作五千字以上。一批像《新民说》《新史学》类的鸿篇巨制相继在《新民丛报》上发表，无不以观点新颖，推理严密，而又声情并茂的语言感染着广大读者，引起巨大轰动，也使得《新民丛报》供不应求，清政府的一纸禁令已然成了摆设。《新民丛报》时期的梁启超因而被称为“舆论之骄子，天纵之文豪”。

《新民丛报》在1903年的时候发行量已经达到9000份，其后又曾创造14多万份的发行纪录，其影响力可见一斑。作为《新民丛报》领袖人物且又客居日本的梁启超，此时已经是执中国舆论界之牛耳的言论骄子。梁启超主笔《时务报》的时候已凭借热情慷慨的维新宣传文章声名鹊起，但从思想上来看，客居东瀛之前的梁启超基本上还是作为康有为的副手出现，其本身并没有较为独立的思想主张，用他自己的话来说就是“实无一字不出于南海”。戊戌政变失败后亡命天涯的梁启超在沉痛的现实面前再一次沉潜，遍读日本书籍，对中国的出路问题有了自己独立的思考，挥洒成文，思想开始突破康有为的藩篱。而到了《新民丛报》时期，梁启超以健笔一支，走笔如刀，深刻地鞭挞了清政府统治的腐朽无能，对专制制度进行了无情的批判。在19世纪与20世纪之交，中华民族遭受列强侵凌，内忧外患不断，在新旧交替、志士仁人苦苦寻觅救国道路的时代，梁启超这些一扫传统阴霾、继往开来的言论使他们看到了西方文明的长处，看到了救亡图存的希望，成为他们孜孜以求的精神食粮，无数青年为之倾倒。可以说梁启超的文章影响了一个时代，他是当之无愧的启蒙大师。

梁启超自己在《三十自述》一文中回顾创办《新民丛报》这段时光时说道："尔来蛰居东国，忽又岁余矣，所志所事，百不一就。惟日日为文字之奴隶，空言喋喋，无补时艰。平旦自思，只有惭悚。顾自审我之才力，及我今日之地位，舍此更无术可以尽国民责任于万一。兹事虽小，亦安得已。一年以来，颇竭棉薄，欲草一中国通史以助爱国思想之发达，然荏苒日月，至今犹未能成十之二。惟于今春为《新民丛报》，冬间复创刊《新小说》，述其所学所怀抱者，以质于当世达人志士，冀以为中国国民鞧铎之一助。呜呼！国家多难，岁月如流，眇眇之身，力小任重。吾友韩孔广诗云：'舌下无英雄，笔底无奇士。'呜呼！笔舌生涯，已催我中年矣！此后所以报国民之恩者，未知何如？每一念及，未尝不惊心动魄，抑塞而谁语也。"

满满一腔爱国热血，拳拳以身报国之心。

他的好友黄遵宪曾这样评价《新民丛报》：

《清议报》胜《时务报》远矣，今之《新民丛报》又胜《清议报》百倍矣。惊心动魄，一字千金，人人笔下所无，却为人人意中所有，虽铁石人亦应感动，从古至今文字之力之大，无有过之此者矣。罗浮山洞中有一猴，一出而成妖作怪，东游而后，又变为《西游记》之孙行者，七十二变，愈出愈奇。吾辈猪八戒，安所容置喙乎，惟有合掌膜拜而已。

文界革命

作为思想启蒙家的梁启超也十分重视文学之于社会改良的重要意义。优秀的文学作品可以在思想、品性、世界观等各方面为读者提供正面的价值导向，以潜移默化的方式影响人们的生产与生活。为此，针对文学领域内的散文、诗歌以及小说三种文体，梁启超分别提出了“文界革命”、“诗界革命”和“小说界革命”的口号，号召进行文学改良，以利于新思想观念的广泛传播。

当时的中国，知识阶层以文言写作为主，往往有晦涩难懂的弊病，文章翰墨也往往只在士绅之间流传，而不及广大文化水平不高的人民大众。无疑，文言文已经成为阻碍新思想在广大民众间传播的障碍。因此，早在1899年，梁启超便提出“文界革命”的口号，呼吁打破桐城派古文的藩篱，推广一种平易畅达的新文体，这就是“文界革命”。

梁启超认为“今宜用俚语，广著群书”，积极进行书面语言的改造。他提倡反映现实、形式自由的新文风。他采用俗语书写，追求雅俗共赏、平易畅达，以俚语、韵语及外国语法掺杂其中，“纵笔所至不检束”，而又“条理明晰，笔锋常带感情，对于读者，别有一种魔力”，被称为“新文体”。梁启超在自己主笔的报刊上以“新文体”撰写文章，有力地促进了西方先进思想在中国的广泛传播。同时他的新体散文往往感情充沛，气势豪迈，极富鼓动性和感染力，《少年中国说》就是其中的典范，其中关于少年与老年的一段文字，一直为世人所津津乐道：

老年人如夕阳，少年人如朝阳；老年人如瘠牛，少年人如乳虎；老年人如僧，少年人如侠；老年人如字典，少年人如戏文；老年人如鸦片烟，少年人如波兰地酒；老年人如别行星之陨石，少年人如大洋海之珊瑚岛；老年人如埃及沙漠之金字塔，少年人如西伯利亚之铁路；老年人如秋后之柳，少年人如春前之草；老年人如死海潴之泽，少年如长江之初发源；此老年与少年性格不同之大略也。

今日之责任，不在他人，而全在我少年。少年智则国智，少年富则国富，少年强则国强，少年独立则国独立，少年自由则国自由，少年进步则国进步，少年胜于欧洲则国胜于欧洲，少年雄于地球则国雄于地球。……美哉我少年中国，与天不老，壮哉我少年中国，与国无疆！

这样的文字，晓畅明白，通俗易懂，且饱含热情，读来使人心潮澎湃，体现出新体语言的优越性。

梁启超对散文语言的变革促进了晚清文体的解放，为五四时期的白话文运动做了前期的铺垫，起着“导夫先路”的重要作用。

流亡日本后的梁启超在改革散文语言的同时，也在倡导着“诗界革命”和“小说界革命”。他对“以堆积满纸新名词为革命”的诗风进行批评，要求诗歌需“以旧风格含新意境”，对黄遵宪的诗歌大加赞赏，以为“近代诗人能熔铸新思想以入旧风格者，当推黄公度”，以他为“诗界革命”的旗帜。黄遵宪的诗歌语言渐趋散文化，且“上感国变，中伤种族，下哀民生”，充满着反帝爱国的时代精神，堪称一代“诗史”。

梁启超十分重视小说在宣传新知、开启民智中所起到的重要作用，他于1902年11月创办《新小说》，这是中国第一份专门刊登小说的杂志。在《新小说》的创刊号上，梁启超发表了《论小说与群治之关系》一文，开篇即表明小说与新民之关系：“欲新一国之民，不可不先新一国之小说。故欲新道德，必新小说；欲新宗教，必新小说；欲新政治，必新小说；欲新风俗，必新小说；欲新学艺，必新小说；乃至欲新人心，欲新人格，必新小说。何以故？小说有不可思议之力支配人道故。”后文中，梁启超将小说的作用概括为“熏浸刺提”四个字，极言小说之神力，以小说为文学之最上乘，并在文章结尾放声高呼：“故今日欲改良群治，必自小说界革命始！欲新民，必自新小说始！”

梁启超在《新小说》杂志上实践着自己的“小说界革命”。《新小说》一方面发表原创小说，如吴沃尧的《痛史》

《二十年目睹之怪现状》等，一方面刊载翻译的外国小说，如《佳人奇遇记》《意大利十五豪杰传》等。梁启超本人还亲自操刀，写下了小说《新中国未来记》。这些小说在读者中风行一时，切实起到了宣传新知、开启民智的重要作用。后来在《新小说》的带动之下，《绣像小说》《月月小说》等一批专门的小说杂志相继出现，梁启超“小说界革命”的主张终于得到大规模的实践。

美国之行

梁启超曾两次游历美国，第一次是在1900年到了檀香山，第二次则于1903年去了美国本土。

第一次赴美，是奉康有为之命，同时也应美洲保皇会之邀，为发展保皇会组织，推进维新变法，同时为国内的勤王运动募集资金。临行前一日，在友人为其举办的欢送酒会上，梁启超应友人柏原要求赋诗一首，以慰离别。诗名《壮别》：

丈夫有壮别，不作儿女颜。
风尘孤剑在，湖海一身单。
天下正多事，年华殊未阑。
高楼一挥手，来去我何难。

梁启超在檀香山停留约有半年时间，这期间他四处集会、演讲，宣传其挽救中国的改良主义主张，很快便在檀香山声名大噪。在檀香山期间，他结识了一位名叫何蕙珍的女子。何蕙珍年方二十，精通西文，颇有文才，梁启超不懂英语，讲演时曾多次请何蕙珍做他的翻译。多次接触之后，二人渐生情愫，互赠信物。何蕙珍对梁启超一见倾心，曾在与梁启超论及倡办女学时，对他深情告白："他日先生维新大业成功后，不要忘记我。若是有创办女学堂之事，一定要通知我，我一定到来。我心中只有先生一人。"梁启超送何蕙珍照片一张，何蕙珍则回赠小扇两把。坠入情网的梁启超曾这样描述自己当时的感觉："见其事，闻其言，觉得心中时时刻刻有此人，不知何故也！"

理智上，梁启超认为自己不可与何蕙珍结为连理，他有自己的理由：一来，自己已经成亲，并和谭嗣同等人组织过一夫一妻世界会，绝不能再娶；二来何蕙珍正值芳龄且又才貌过人，自有更好的归宿；其三，自己受清廷通缉，亡命东瀛，居无定所，不可连累于她。且他也考虑到"君父在忧危，家国在患难，今为公事游历，而无端牵涉儿女之事，天下人岂能谅我？"

梁启超在与何蕙珍长谈分别之后曾说："归寓后，愈益思念蕙珍，由敬重之心，生出爱恋之念来，几乎不能自持。"甚至自嘲说："酒阑人散，终夕不能成寐，心头小鹿，忽上忽下，自顾二十八年，未有如此可笑之事情。"二人的感情真挚、浪漫，但梁启超的感情被理智击败，只能将这段爱恋埋藏心底。不久，梁启超便因故匆匆返回日本，这段感情也就无果而终。

后来，梁启超曾写过二十首诗来纪念自己与何蕙珍的这段“发乎情止乎礼”的爱情。这里选录其中三首：

其二

颇愧年来负盛名，天涯到处有逢迎。

识荆说项寻常事，第一知己总让卿。

其六

眼中既已无男子，独有青睐到小生。

如此深恩安可负，当筵我几欲卿卿。

其十八

万一维新事可望，相将携手还故乡。

欲悬一席酬知己，领袖中原女学堂。

第二次赴美，也是应美洲保皇会之邀，梁启超得以前往美国考察。他于1903年2月从日本横滨出发，取道加拿大温哥华到达美国纽约，用时九个月，先后游历了美国的十几座城市，对美利坚合众国的政治经济、社会文化、人情习俗等方面以及当地华侨的生活情况有了初步的了解。纽约的繁盛与壮丽，让梁启超感到垄断资本主义极强的扩张性，他指出其“由个人主义而变为统一主义，由自由主义而变为专制主义”的本质所在，进而提出随着垄断资本主义的发展，“受害最剧者，必在我中国”的警示。

参观当地唐人街之时，梁启超耳闻目睹，当地华人聚众滋事、游手好闲，甚至在选举中挟刃寻仇、互相残杀。他认识到，华人在美国这个共和制度最发达的国家里尚且如此，而以中国国土之广大、国情之复杂、民众之低素，若大搞革命，实行民主共和，必定导致国家大乱。而动乱之后则需要靠有极强手腕的人来收拾残局、稳定形势，到时又不得不集国家大权于一身以便令行禁止，广大国民最终还是得不到政治上的民主权利，这与专制并没有什么两样。

在目睹纽约贫民窟的破败情景之后，梁启超发出了“天下最繁盛者莫如纽约，天下最黑暗者亦莫如纽约”的感慨，这让梁启超看到了财产分配不均所造成的恶果，由此梁启超感叹道：“吾观于纽约之贫民窟，而深叹社会主义之万不可以已也。”其后，梁启超到波士顿讲演，参观博物院，见到流落海外的中国国宝不禁汗颜；到华盛顿参观国会大厦，拜访美国总统罗斯福，认识到美国称霸世界的野心；到费城，参观海军造船所；到芝加哥拜访杜威并发表演讲……

在华盛顿的时候，梁启超对美国的民主制度及其总统选举过程进行了认真考察，在看到美国两党制在选举过程中存在着种种弊端之后，梁启超开始对民主共和制度不以为然，他说美国两党“当其竞争剧烈之时，甲党对于乙党之候补者，攻击亦不遗余力。往往将其平生行谊，毛举以相指摘”。又说：“美国争总统之弊，岂直此而已，其他种种黑暗情状，不可枚举。吾游美国，而深叹共和政体，实不如君主立宪者之流弊少而运用灵也。”

在美国的所见所闻令梁启超眼界大开，见到了美国的强盛，也见到了美国的贫富不均、选举弊端，更看到了中国国民的民主素养远未到可以实行共和的程度。他将自己美国之行的所见所闻写成《新大陆游记》一书，认为民主共和制不如君主立宪制，以中国目前的情况绝不适合实行民主共和。从此他坚定了改良主义的立场，积极倡导君主立宪制。

第五章　立宪领袖

笔战《民报》

在近代中国的救亡之路上，民族资产阶级认为中国的未来有两条路可走：其一是效仿日本明治维新，进行由上至下的改革，实行君主立宪，以挽救危亡，这一派以梁启超等资产阶级维新改良派人士为代表；其二是效仿美国，设总统，三权分立，实行共和政体，以救亡图存，这一派以孙中山等资产阶级革命派人士为代表。总体上讲，维新派主张维新改良，革命派力主暴力革命，主张不同。至1904年后，革命思想蔚然成风。从1904年秋至1907年秋，主张改良的梁启超借助《新民丛报》的平台，领导维新改良派与革命派同盟会机关报《民报》展开了一场长达三年之久的大论战。

梁启超游历美国回国之后，取杜甫“一卧沧江惊岁晚，几回青琐点朝班”之意，自号“沧江”。美国之行让梁启超认定中国革命必生内乱，而内乱必招瓜分，开出“革命—动乱—专制”的革命公式。他认为中国不当言革命，而当求立宪，他给立宪开出“开明专制—君主立宪—民主立宪”的公式，寻求开明专制的过渡。为此他在《新民丛报》上发表《开明专制论》一篇长文，极力反对暴力革命，鼓吹开明专制，认为中国与其行民主共和不如行君主立宪、与行其君主立宪不如行开明专制。他认为中国的国民素质太劣，缺乏自治能力，尚不具备共和国民的资格，若此时发生革命则必会造成国内大乱，列强则乘机瓜分中国。他说：“吾以为今后之中国，不容有三年以上之战乱。有之则国必亡矣。”这也成为改良派与革命派大论战的导火索。

1905年，梁启超和家人，左一为长子梁思成，右一为长女梁思顺，右二为三子梁思永

面对梁启超否定革命否定共和的言论，革命派奋起反击。在《民报》第三期，《<民报>与<新民丛报>辩驳之纲领》一文发表，文中列举了论战双方在攸关中国存亡的12个大问题上的根本分歧，并表示“自第四期以下，分类辩驳”，由此开始集中论战。

两派论战的焦点集中在三个问题上：第一，要不要用暴力的方式来推翻清王朝；第二，要不要实行民主政治；第三，要不要改变封建土地所有制。

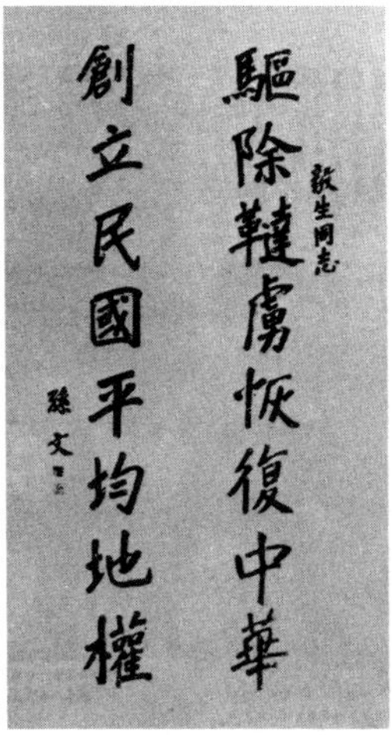

孙中山手书“三民主义”

资产阶级革命派的领袖孙中山提出的“三民主义”是中国民族资产阶级的革命纲领。完整的“三民主义” 可以表述为“驱除鞑虏，恢复中华，创立民国，平均地权”四句话，“驱除鞑虏，恢复中华”是民族主义，旨在反满，资产阶级认为满人统治实际上是对汉人的压迫，只有实行民族革命才能“推翻民族牢狱”，才能达到真正爱国的目的。“创立民国”是民权主义，也是三民主义之中最为核心的一节，即推翻专制，实行共和。“平均地权”是民生主义，是孙中山的社会革命纲领，即将土地收归国有，使国民共享。因此，对于两派论战的三个主题：要不要暴力推翻清王朝、要不要实行民主政治、要不要改变封建土地所有制，革命派的回答都是肯定的。

这是资产阶级革命派的基本观点。

而梁启超所代表的改良派则与革命派持针锋相对的主张：

其一，关于要不要暴力推翻清王朝的问题，梁启超认为政治革命应当自上而下稳妥进行，让统治者自行改革，而不应实行暴力革命，以避免时局动荡。

其二，关于要不要实行民主政治的问题，梁启超主张改君主专制为君主立宪，实行开明专制。他认为中国人民的民主素养并未达到可以实行共和制的地步，因此他主张新民，对人民进行教化，以开启民智，韬光养晦，等到人民素质达到一定程度再行民主政治。如此方可避免强行实现共和制度所带来的国家大乱与军阀割据。

其三，关于要不要改变封建土地所有制的问题，梁启超反对废除地主土地所有制，主张在封建土地所有制的基础上发展资本主义。

梁启超的观点遭到革命派的奋起反击，汪精卫、章太炎、胡汉民等人在《民报》上发表文章对梁启超的观点进行批驳，而此时的改良派只有梁启超一人应战。革命派认为，梁启超害怕革命造成大破坏、导致时局动荡，根本就是想维护封建皇权，是对清王朝的妥协退让，绝不可原谅。

两派的论战持续到1907年11月，《新民丛报》的停刊标志着改良派的失败。这场论战划清了革命和改良的界限，使革命思想深入人心，推动了资产阶级革命高潮的到来，甚至有人断言："没有这场大论战，就不会有辛亥革命的到来。"

论战失败后的梁启超蛰居横滨乡下，英雄落寞，心境凄凉。

清廷立宪

义和团运动、八国联军侵华战争结束之后，京津一带混乱不堪，一片狼藉。从西安回京的慈禧太后已然是自顾不暇，面对混乱的局面，清廷根本无能为力，清朝统治摇摇欲坠。而1905年以沙皇俄国的失败而告终的日俄战争更是让清廷感到岌岌可危。此时的中国社会之中，围绕着救亡图存的时代主题，有识之士在探讨着中国的未来之路。为维护清政府的统治，从1905年7月份开始，清朝驻法公使孙宝琦及洋务官僚署两江总督周馥、湖广总督张之洞、直隶总督袁世凯等开始先后奏请清廷实行立宪。这一年俄国资产阶级民主革命的爆发更是让慈禧太后大惊失色，害怕大清王朝会步沙俄的后尘。于是，戊戌政变中大肆捕杀维新志士的慈禧太后开始改变主意，终于做出了改良的决定。

1905年7月，清廷派遣尚其亨、李盛铎、载泽、戴鸿慈、端方等五人出洋考察宪政。五位大臣先后考察了美国、德国、英国、法国、丹麦、瑞典、俄国、意大利、比利时等十多个国家的议院、军队等国家重要机关，并于1906年8月回国。载泽在给慈禧太后的奏章里极力宣传立宪制度的好处，慈禧太后遂渐下决心，实行立宪。

但是立宪要拿出一个具体可行的立宪方案来。出洋考察宪政的五位大臣虽然对宪政的优越性有所感触，但对于到底什么是宪政，他们并未能搞得清楚。至于要拿出一份切实可行的立宪方案，那就更不是他们能够胜任的事情了。于是他们想到了多年鼓吹立宪的梁启超与杨度。但梁启超是维新党人，是朝廷缉拿的要犯，自然是不能找他。载泽只得求助于杨度。

此时的梁启超与杨度也是志同道合的朋友。他协助杨度完成了《中国宪政大纲应吸收东西各国之所长》与《实施宪政程序》两篇文章，为预备立宪规划出了整体蓝图。此外，梁启超还撰写了《东西各国宪政之比较》等文章，奏请赦免党人、请定国是等问题。

面对不知宪政为何物的清廷官僚和智识未开的国民，梁启超在《新民丛报》上，陆续发表了《各国立宪史论》一文，供国人借鉴。在这篇长文中，梁启超将与立宪相关的国会、内阁等问题向社会各界做出了详尽的解释。此时的梁启超已然成为中国立宪的权威，他将全副精力放在了宣传宪政理论、指导立宪运动上来，不断发表立宪之论，通过自己的言行对立宪运动产生了全面的影响。

他借帮助清廷起草立宪文件之机，将自己的立宪主张转化为政府的立宪方案。他还为清朝官员提供关于宪政形形色色的咨询与建议。梁启超明确指出君主立宪的要义即在于国会和责任内阁的设立，他认为立宪的本质是民主，是国民共同参与的运动，而民主则必须由民众争取，只有把民众发动起来，立宪才有成功的希望。

梁启超有关立宪的言论影响着海内外的立宪势力，以其卓尔不群的思想锋芒在立宪运动中独领风骚，有着他人无可比拟的巨大影响力。清廷官僚与广大民众都因梁启超的一篇篇文字而对宪政有了较为全面深刻的了解。这也是他虽身在日本，却仍能以言论影响中国政坛的原因所在。

1906年9月1日，清廷下诏“预备仿行宪政”，宣布天下大权统一于朝廷，政府当前的任务不是立即实行立宪，而是要进行一系列的改良来为立宪做好充足的准备，以期“养成立宪国民之资格”。这些改良措施包括改革官制、广兴教育、整顿法律、清理财政等。这就是清政府的“预备立宪”。此前的8月28日，清廷召开御前会议，通过了实际上出于梁启超之手的《考察各国宪政报告》。但因这份报告对君权及顽固派官僚的特权做出太多的限制，清廷对涉及这一方面的报告内容做了修改。因此报告虽然被通过，却成为一纸空文，成为被清廷利用的立宪工具。

清廷虽然打出了立宪的噱头，却又声称要在数年之后查看民智，使得立宪之日遥遥无期。而清政府的一些改革措施也不过是在维护君主专制政权的前提下，对腐朽的旧制度做一些枝枝叶叶上的修修剪剪，并未触及到封建王权的根本，因此注定无所成就。

毫无立宪诚意的清政府让梁启超失望透顶，痛惜之余，他将更多的精力投入到动员社会上来。

结社政闻

为了更好地参与立宪、团结立宪派人士以争取民主权利，梁启超决定建立政党，推动立宪大业。精心研读立宪制度丛书的梁启超，明白立宪政治必须以政党为基础，只有建立强有力的政党才能在议会中获得多数席位，才能争取到更多的民主权利。而今清政府下诏立宪，梁启超认为千载难逢的大好时机已经到来。

但是由于1906年12月张謇等人已率先组成“预备立宪公会”，之后，汤化龙、谭延恺及丘逢甲又分别创建了湖北宪政筹备会、湖南宪政公会和广东自治会等团体，已经集结了国内的立宪派势力。梁启超只好另谋出路，与蒋智由、徐佛苏等于1907年10月17日在日本东京创办了政闻社。成立大会当天，梁启超特地从横滨赶来，在会上发表演讲。此时厌恶梁启超改良言论的革命党人张继、陶成章等率十数人到会场哄闹，双方挥拳以对，场面极其混乱。镇定的梁启超从大局出发，不予计较，向前来制止斗殴的日本当地警察解释，此次纷扰纯属“本会中人偶起争论之故，既非他党来袭，亦未毁物殴人”，维护了国人尊严。

为了防备清政府对政闻社的干预，梁启超一再表明心迹，言“政闻社以秩序的行动，为正当之要求。其对皇室，绝无干犯尊严之心；其对于国家，绝无扰紊治安之举”。在1907年10月发表的《政闻社宣言》中，梁启超直言不讳地标出政闻社的四条政纲：

一、实行国会制度，建立责任政府。

二、厘订法律，巩固司法权之独立。

三、确立地方自治，正中央地方之权限。

四、慎重外交，保持对等之权利。

政闻社成立之后，会员纷纷被派遣回国进行活动，广泛联络各地立宪派人士，为迅速立宪大造舆论声势。次年2月，梁启超等人将政闻社总部迁往上海，随后联合江浙预备立宪公会与湖南预备立宪公会等立宪团体，组成国会期成会，派遣会员到各地发动请愿签名运动，要求清政府速颁宪法，早开国会，组织责任内阁，形成了全国性的国会请愿浪潮。

面对如潮水般汹涌而至的请愿浪潮，本就没有立宪诚意的清政府对始作俑者梁启超等人深恶痛绝，决心杀鸡儆猴，拿政闻社开刀，打击国内立宪派势力，继续维护封建王权。

就在国内请愿运动如火如荼的时候，考察宪政大臣、吏部侍郎于式枚上书痛诋各国立宪制度，极力反对立宪，遭到了立宪派的痛斥。政闻社社员、法部主事陈景仁于6、7月间电奏清廷，要求三年内开国会，将于式枚革职以谢天下。此事遂成为清廷查禁政闻社的导火索。

起初慈禧太后看到陈景仁的奏章之时并未予以理会，但梁启超的宿敌袁世凯却向慈禧太后面奏政闻社乃昔日戊戌祸首康梁所办，旨在颠覆慈禧统治。慈禧闻言怒不可遏，对康梁恨之入骨，加之政闻社组织全国请愿已令慈禧震怒，于是西太后老佛爷于8月3日发布上谕："政闻社内多悖逆要犯，广敛资财，纠结党类，托名研究时务，阴图煽乱，扰乱治安。若不严行查禁，恐后败坏大局。着民政部、各省督抚、步军统领、顺天府严密查访，认真禁止，遇有此类社伙，即行严拿惩办，勿稍疏纵，致酿巨患。"正式宣布取缔政闻社。

面对清廷的严厉打击和政闻社内部社员的人心惶惶，梁启超被迫拟写解散公告，但仍希望解散之后的政闻社同仁能够继续团结在立宪大势之下，加固"精神上之结合"，以图东山再起。

成立不足一年的政闻社就在清廷的打击下夭折，这让梁启超心力交瘁，一度情绪低落。他赋诗两首，以抒心境：

腊不尽二日感怀

泪眼看云又一年，倚楼何事不凄然。
独无兄弟将谁慰？长负君亲只自怜。
天远一身成老大，酒醒满目是山川。
伤离念远何时已？捧土区区塞逝川。

其夕大风雨彻夜不寐重有感

三十年前心上事，为谁千转入中肠。
学裁春胜同依姊，泥所年糕各唤娘。
此日天涯空涕泪，他年夜雨莫思量。
却缘诗梦翻无寐，送我何由致汝旁。

但他并未就此意志消沉、一蹶不振，仍以旺盛的精力与极大的热情关注着国内立宪运动的发展。

办报《国风》

1908年11月14日，光绪帝驾崩，次日慈禧太后因病归天，醇亲王载沣之子溥仪登基，成为清朝帝国的最后一任皇帝，年号宣统。此时的中国，汹涌澎湃的立宪请愿运动与此起彼伏的革命起义交织在一起，加上清廷皇族内部争权夺利，局面混乱异常。

政闻社被清廷查禁之后，国内的请愿运动依然方兴未艾。1910年，梁启超为了适应立宪形势的需要，指导国内立宪运动，经多方筹措，于3月10日在上海创办《国风报》，成为继《新民丛报》后立宪派的又一舆论阵地，为立宪运动再造声势。该报由梁启超在日本编辑，运至上海印刷出版，其中半数稿件均出自梁启超之手。

1910年，梁启超与思庄（左一）、思忠在日本的合影

《国风报》创刊时曾在《民报》上刊载了这样一则广告："本报以忠告政府，指导国民，灌输世界之常识，造成健全之舆论为宗旨。月出三册，每册八万字，逢一日出版。内容分谕

旨、论说、时评、著译、调查、记事、法令、文牍、谈丛、文苑、小说、图画、问答、附录，凡十四门，议论宏通，记载详确，谈丛、小说各门饶有趣味，诚报界之伟观，而立宪国民之粮也。”从中可见《国风报》的办报宗旨及精神。

起笔撰文的梁启超以沧江为笔名，在《国风报》上先后发表了《为国会期限问题敬告国人》《国会与义务》《论请愿国会当与请愿政府并行》《责任内阁与政治家》《立宪国诏旨之种类及其在国法上之地位》等在当日影响巨大的文章，对立宪所涉及国会、内阁、官制等方面的问题进行了较为系统的论述，阐明了立宪理论，对当时的立宪运动起到了重大指导作用，掀起了数次请愿高潮。但立宪派人士的多次请愿换来的却是毫无立宪诚意的清政府在1911年5月成立皇族内阁，这令立宪派人士大失所望，深感被清政府愚弄。于是一部分立宪派人士转向革命阵营，与清政府对立起来。

此时，腐朽的清政府又将已归民办的川汉、粤汉铁路出卖给英、法、德、美四国银行，以求借款解决财政困难。这一卖国行径遭到了湖北、湖南、四川、广东等省人民的严厉抵制，保路运动就此爆发。得知消息的梁启超陆续发表《为川汉铁路事警告全蜀父老》《收回干线铁路问题》《论政府违法借债之罪》等文章，揭露帝国主义以铁路侵略、经济侵略来灭亡中国的“新阴谋”，号召国民向政府争取应得的权利，捍卫民族独立。声势蓬勃的保路运动成为武昌起义的导火索，同年10月，武昌起义爆发，辛亥革命开始，统治中国近三百年的大清王朝土崩瓦解，华夏绵延近千年的君主专制也就此寿终正寝，从此退出历史舞台。

就像梁启超此前对革命后果的分析一样，辛亥革命之后的中国需要一个强有力的中央政权来稳定国内动乱的局面。1911年10月，梁启超发表了《新中国建设问题》一文，首肯革命推翻专制的成效，他说："十年来之中国，若支破屋于淖泽之上，非大乱后不能大治，此五尺之童所能知也。武汉事起，举国云集响应，此实应于时势之要求，冥契乎全国民心理之所同然。是故声气所感，不期而洽乎中外也。"

随即他又讲到目前中国的首要之务，实为建设："今者破坏之功，已逾半矣。自今以往，时势所要求者，乃在新中国建设之大业。而斯业之艰巨，乃什百于畴曩，此非一二人之智力所能取决，实全国人所当殚精竭虑以求止于至善者也。启超学谫才绵，岂足以语于此，顾亦尝积十年之研索，加以一月来苦思极虑，于多数人心目所悬之诸大问题，穷极其利害，有敢决言者，亦有未敢决言者。姑就所得条举之，以质诸国民。他日更有见，当续布也。"

在文章中，梁启超详细分析了六种西方先进政体，并比较其利弊，最终认为最适宜目前中国实际情况的非英国"虚戴君主之共和政体"莫属。梁启超认为，在专制积弊甚深而国民质素不高的中国实行美式共和制，难免导致军阀混战不止、百姓流离失所的惨况出现。他说：“呜呼！吾中国大不幸，乃三百年间戴异族为君主，久施虐政，屡失信于民，逮于今日，而今此事殆成绝望，贻我国民以极难解决之一问题也。吾十余年来，日夜竭其力所能逮，以与恶政治奋斗，而皇室实为恶政治所从出。于是皇室乃大憾我，所以僇辱窘逐之者，无所不用其极。虽然，吾之奋斗，犹专向政府，而不肯以皇室为射鹄，国中一部分人士，或以吾为有所畏，有所媚，讪笑之，辱骂之，而吾不改吾度。盖吾畴昔确信美法之民主共和制，决不适于中国，欲跻国于治安，宜效英之存虚君，而事势之最顺者，似莫如就现皇统而虚存之。”

梁启超的虚君共和，是为避免中国军阀混战、民不聊生的惨剧，是符合政治学原理与亚、非、拉后进国家民主进程的共同规律的。然而在民主共和思想大行其道的时代里，梁启超的这种思想被认为是落后的象征，在向南北议和代表进言时处处碰壁，始终不得人心。面对不可逆转的共和大潮，梁启超颇感无奈之余，坦然接受现实，并积极谋求在共和政体下实现自己立宪政治的夙愿。

重归故国

1912年1月1日，孙中山在南京就任中华民国临时大总统。2月，南北双方达成协议：清帝退位，革命党人选举袁世凯做中华民国临时大总统。1912年2月12日，末代皇帝溥仪下诏宣布退位，3月10日，袁世凯在北京就任临时大总统职。次日，孙中山在南京公布《中华民国临时约法》，正式实行美式共和制。此时的梁启超意识到回国的时机已经渐渐成熟，特派汤觉顿先回国探询。此后，梁启超的好友汤济武、张君劢等来信请梁氏回国。4月，梁启超发表《中国立国大方针》一文评价辛亥革命的进步意义，盛赞革命共和之功。拥护共和的梁启超获得了以孙中山为首的革命派的认同，表示欢迎其归国领导建设，至此，曾经在论战中你死我活的梁启超与革命派握手言和，共同为中国的民主大业奋进。5月29日，孙洪伊来信，讨论梁启超归国问题及共和建设讨论会与各党合并情况。7月间，滇督蔡锷和黎元洪副总统，先后通电欢迎梁启超归国，并请政府起用。8月25日，同盟会联合统一共和党等四个政治团体组成国民党，在北京举行成立大会。27日，汤化龙、林长民等联合共和建设讨论会与国民协会，合并组成民主党，拥护梁启超为领袖。出于稳定政权的考虑，袁世凯及北洋实权人物也电邀梁启超回国。至此，梁启超的重归故国，水到渠成。

1912年11月8日，梁启超踏上了回国的征程，于11月18日抵达天津，结束了十四年客居东瀛的流亡生涯。

归国后的梁启超，可谓风光无限，用他自己的话说便是“可谓极人生之至快，亦可谓极人生之至苦”。这里的苦自然是指应酬之苦。他在给长女梁令娴的信中提到刚刚抵达天津时候的情形说：“三日来无一日断宾客（唐绍仪及前直督张锡銮皆已来谒，赵秉钧、段祺瑞皆派代表来），门簿所登已逾二百人矣。各省欢迎电报亦络绎不绝，此次声光之壮，真始愿不及也。张謇、黄兴皆候三日……又地方官纷纷宴请，应酬苦极。寓中则分三处，客厅无时不满。”如此繁忙之下，梁启超却也是精神大振，壮志豪情，他说：“吾虽终日劳劳，精神愈健，亦因诸事顺遂，故神气旺耶。”

在天津住了十二天之后，梁启超起身入京，受欢迎程度更是不亚于天津，他自己记述入京后的情形时说：“都人士之欢迎，几于举国若狂，每日所赴集会平均三处，来访之客平均每日百人。”真可谓门庭若市。对此，梁启超颇感自傲道：“所谓人气集于一身者，诚不诬也，盖上自总统府、国务院诸人，趋跄惟恐不及，下即全社会，举国若狂。此十二日间，吾一身实为北京之中心，各人皆环绕吾旁，如众星之拱北辰。”

胡适在1912年的日记中写下了这样一段话：

阅时报，知梁任公归国，京津人士都欢迎之，读之深叹公道之尚在人心也。梁任公为吾国革命之第一大的功臣，其功在革新吾国之思想界。十五年来，吾国人士所以稍知民族思想主义及世界大势者，皆梁氏之赐，此百喙不能诬也。去年武汉革命，所以能一举而全国响应者，民族思想政治思想入人心已深，故势如破竹耳。使无梁氏之笔，虽有百十孙中山、黄克强，岂能如此之速耶！近人诗“文字收功日，全球革命时”，此二语惟梁氏可以当之无愧。

从中可见胡适对梁启超的评价之高。他认为梁启超功在思想启蒙，正是有了梁启超对民权、自由的极力鼓吹宣传，才有了武昌起义的迅速成功。梁启超重归故国的时候，正是中国两千多年的专制制度寿终正寝的时候，他多年撰文传播西方先进思想观念的笔墨生涯终于开花结果。他的大受欢迎，正是国人对他启蒙之功的感念与回报。

梁袁合作

梁启超归国之后，开始与袁世凯合作。

梁启超与袁世凯的恩怨始于戊戌政变。政变中的袁世凯两面三刀，出卖维新派，使梁启超等人对他恨之入骨。此后梁启超流亡日本，在《戊戌政变记》中对袁世凯大加挞伐："盖袁之为人机诈反覆，深知皇上之无权，且大变将兴，皇上将不能自保，故虽受皇上不次拔擢之大恩，终不肯为皇上之用，且与贼臣之逆谋，卖主以自保，而大变遂成于其手矣。"

至清廷下诏立宪，梁启超组织政闻社，发动请愿运动。袁世凯向慈禧面奏，言康梁余党欲颠覆太后统治，政闻社遭清廷查禁。后梁启超谋求开放党禁，亦被袁世凯所阻。后光绪帝亡身，传言是袁世凯所为，梁启超等大肆发文宣扬，使袁世凯一时之间臭不可闻，摄政王载沣趁机将其罢免。得知消息的梁启超在给当时支持立宪运动的肃亲王善耆写的一封长信中，不无欢快地说道："昨日东报见京电，知元恶已去，人心大快。监国英断，使人感泣，从此天地昭苏，国家前途希望似海矣！"他还罗列了袁世凯的罪状，要求清政府向中外明确宣布：其一，"甲午之年酿成战祸"；其二，"戊戌时期，包藏祸心，离间宫廷"；其三，"庚子之时，镇压义和团不力，造成乘舆播迁，赔款出积"。辛亥以后，受帝国主义扶植，袁世凯东山再起，与资产阶级革命派达成协议，逼迫清帝退位，荣登中华民国临时大总统宝座。梁袁二人之间的关系出现转变。

此时，漂泊日本十多年的梁启超早以其启蒙文章风行全国，成长为一个举世瞩目的治国之才，出于稳定政权的目的，袁世凯力邀梁启超回国。而在立宪事业上郁郁不得志的梁启超看到了袁世凯的强势有助于平复因革命而动荡起来的国内形势，并谋求共和体制下的宪政。因此，二人相逢一笑泯恩仇，联手合作。

梁启超顺应时代潮流，在承认"今日中国已确定为最神圣最高尚之共和国体"，拥护共和的同时，积极谋求责任内阁制和政党政治，重整立宪派旗鼓。11月，《庸言报》创刊，梁启超发表《中国道德之大原》《治标财政策》《论国会会议》《宪法之三大精神》等畅论主张，影响得到进一步扩大。

辛亥之后的中国政界，党团林立，都想在新的权力分配中占有一席之地。由孙中山、宋教仁主持的国民党成为当时中国的第一大党，身为民主党领袖的梁启超于1913年2月加入共和党后，为同国民党分庭抗礼，梁启超积极谋求共和、民主两党合作。同一年，国会选举结果揭晓，在参议院与众议院的591个席位中，国民党独占392席，取得了压倒性的优势。这让梁启超极度悲观，曾一度想退出政坛。国民党在国会选举中的大获全胜的同时也让袁世凯极为恐慌，为了防止宋教仁组织内阁削弱他总统的权力，他采用极端手段将宋教仁暗杀于上海火车站。国民党人愤怒无比，要求严查凶犯。却不料此事的幕后主使正是大总统袁世凯和内阁总理赵秉钧。消息传出后，国内舆论哗然，南方报刊纷纷发表文章揭露袁世凯企图颠覆共和的卑鄙行径，革命派人士也开始集结武装力量，谋划推翻袁世凯。

宋教仁与梁启超同为党派领袖，二人是政治上的冤家对头。因此宋教仁被杀后，国民党人将梁启超归入重大嫌疑犯之列。胸怀坦荡的梁启超撰写《暗杀之罪恶》一文，强烈谴责暗杀事件的卑鄙下流，明白地阐明自己对宋教仁被杀的态度。他在文章中说他自己“与宋君所持政见时有不同，然固确信宋君为我国现代第一流政治家，歼此良人，实贻国家以不可复之损失”。

但是事实上，宋教仁的被杀也打破了国会内部原本国民党占据绝对优势地位的局面，为建立新的政治平衡创造了条件。而为了抑制国民党的势力，袁世凯也极力支持梁启超成立大党。

1913年5月29日，梁启超力促原共和党、民主党和统一党合并组成进步党，以黎元洪为理事长，梁启超、张謇、伍廷芳等人为理事。梁启超成为进步党的实际领袖。至此，国会中国国民党、进步党两党对峙的局面正式形成。

1913年7月，旨在推翻袁世凯、重塑共和的“二次革命”爆发，袁世凯决心武力镇压。早在1913年4月，袁世凯为解决政府国库空虚问题，与英、法、德、俄、日五国银行团签订了高达2500万镑的善后大借款条约，年息5厘，分47年偿清。有了充足军费的袁世凯对革命党的此次讨伐丝毫不惧，北洋精锐尽出，革命军被迅速击溃，“二次革命”宣告失败。这次革命是资产阶级革命派为推翻袁世凯、挽救共和而发动的，可以看作是辛亥革命的继续。但在北洋军的疯狂打击下，功败垂成。

想要依靠袁世凯来平定辛亥革命后国内动乱局面的梁启超，在“二次革命中”站到了袁世凯的阵营。一方面他极力反对暴力革命，主张开明专制，不忍心看到革命后国内军阀混战以至国家招列强瓜分的局面；一方面他也为袁世凯支持立宪的假象所蒙蔽，想要借此机会实现自己立宪政治的夙愿。但老奸巨猾的袁世凯又一次将他的热情与理想击碎。

“第一流人才内阁”

“二次革命”后，国会内的国民党议员大受打击，袁世凯先后逮捕该党几十名议员，更是导致一时之间人心惶惶，国民党议员四散逃难。至此，原本在国会内占据绝对优势地位的国民党势力土崩瓦解，以梁启超为首的进步党一跃成为国会第一大党。由于宋教仁暗杀事件的发生，国务总理赵秉钧广受舆论挞伐，重组内阁已经成为势在必行的大事。梁启超认为进步党出面组阁的时机已经来临，于是积极奔走，谋求东山再起。

1913年7月31日，进步党人熊希龄被任命为内阁总理。熊希龄此前任职热河都统，并不想进京组阁。但梁启超极力鼓动，并表示若熊希龄组阁，自己愿意入阁担任财政总长一职，这给了熊希龄不小的安慰和支持。袁世凯本想把内阁总理一职交由北洋军阀大佬徐世昌，无奈徐世昌不从，且进步党与国民党反对声一片。无奈之下的袁世凯只好退而求其次，选择了进步党人熊希龄。但不想被内阁掣肘以致大权旁落的袁世凯，已经在熊希龄组阁之前将关系国家大权的外交、陆军、海军、财政及内务五大部门总长的职位内定给了他的心腹孙宝琦、段祺瑞、刘冠雄、周自齐和朱启钤，只给熊希龄留下了教育、司法、农商等几个没有实权的闲散部门。如此一来，梁启超想要就任财政总长的愿望落空。这让梁启超非常失望，对袁世凯安排的教育总长一职，他力辞不就。

为了顺利组阁，熊希龄与袁世凯商量，请他让出财政总长一职。但袁世凯却拒不同意，他说："我说梁启超做不好的，书生会说会写会饮酒会骂人，如此而已，明白了吗？"熊希龄依然据理力争："不明白，梁启超著作等身，尚未一试怎能就断以万万做不好呢？"袁世凯说："他文章写得越多，就越是做不好。比如去五国银行团借款，他是反对的，因为以理论观之实属大不该之举。可是我只要钱，没有钱怎么派兵到南方去打仗呢？一个财政总长，我要他去借钱，他不去，跟我论理，写文章，甲乙丙丁如何不该借，我要他何用？”以梁启超为一介书生，“仅能提笔作文，不能胜任国家重任”为理由，坚决不同意梁启超就任财政总长。实际上，他是怕梁启超坏了他的大事。后经熊希龄反复斡旋，袁世凯也做出让步：财政总长由内阁总理熊希龄兼任，梁启超任司法总长。其他阁员为：外交总长孙宝琦、陆军总长段祺瑞、海军总长刘冠雄、内务总长朱启钤、交通总长周自齐、教育总长汪大燮、农商总长张謇。由于当时梁启超、张謇等人都是社会名流，且以第一流人才自居，因此这届内阁也被称为“第一流人才内阁”。

梁启超入阁以后，亲手起草了《政府大政方针宣言书》，确立了“第一流人才内阁”的施政方针，以“制定宪法，为民国建设第一大业”，为国家外交、军事、财政、实业、交通、司法、教育各部门都制定了基本的发展策略。作为司法总长的梁启超倡行司法独立，为改善中国的司法状况做出积极努力，并设计了一整套供以实施的具体方案。一系列的改革措施都旨在发展资本主义，将中国引上发展建设的道路上来，以实现立宪派梦寐以求的民主宪政。此时的梁启超“日接客数十，夜则以法案”，对重整乾坤信心满满，踌躇满志。

但在野心勃勃的袁世凯眼里，“第一流人才内阁”不过是一个为他所用、掩人耳目的工具而已。在内阁不足以威胁到他的权力时，他可以放任不管，但一旦内阁出台的方针政策对以他为代表的封建军阀官僚的利益产生损害时，袁世凯便再也不能坐视不理。

1913年9月8日，袁世凯扶植梁士诒组织公民党，与进步党分庭抗礼。本来在内阁中就不掌握国家实权的进步党人，被逼得处处退让。

想早日成为正式大总统的袁世凯指使国会部分议员先后向国会提出总统选举的提案，同时授意黎元洪联合14省都督致电国会，要求加快公选总统的进程。本来按照《临时约法》，正式大总统必须在国会制订完成宪法之后才能依据宪法选举产生，但在袁世凯势力的逼迫下，梁启超等人妥协了，只好先选总统，后订宪法，对袁世凯的违法行完全无能为力。10月4日，国会公布了梁启超等制定的总统选举法七条。6日，国会在袁世凯的威胁下被迫选举其为正式大总统。10月10日，中华民国的国庆节，袁世凯宣誓就职。

成为正式大总统的袁世凯决意解散国会，以独揽大权。11月4日，袁世凯以国民党议员“勾结乱党”为借口，悍然下令解散国民党，驱散国会议员，从此国会因不足法定开会人数，已是名存实亡。梁启超力劝，但袁世凯不予理会。11月26日，袁世凯又下令召开政治会议，代替国会参众两院行使职权，并于12月中旬召开“中央政治会议”，谋夺国会立法权，反对司法独立及设立法院。此时的袁世凯正式脱下了伪装共和的外衣，做起了当皇帝的春秋大梦。

为了进一步瓦解进步党势力，彻底破坏内阁，处心积虑的袁世凯于1914年2月14日公布热河盗宝案，诬陷熊希龄在任职热河都统期间盗取清朝皇帝行宫宝物，借以罗织罪名，逼迫熊希龄提出辞职，“第一流人才内阁”就此倒台。随后梁启超在2月18日提出辞职，结束了短短数月的内阁大臣生涯。

但是素有整顿财政之心的梁启超却接受了袁世凯币制局总裁的委任，于1914年3月10日走马上任。他认为“币制之紊乱与银行之制度之不良”是国家财政混乱的根本原因，如果“政府苟能以全副精神，就此两事以图改良，则一二年后，国家之危险，必可去其大半”。希望能在币制局总裁任上做出一番业绩的梁启超，先后发表了《币制条例书》《整理滥发货币与利用公债》《币制金融政策》《银行制度之建设》等文章，拟定了一系列整顿币制、改革金融的方案，并上书袁世凯，希望袁世凯能采纳自己的建议，整顿国家金融。但是身为军阀政客且又图谋称帝的袁世凯醉心于至高无上的权力，根本无心致力于国家建设。梁启超呕心沥血制定的币制改革方案对他而言毫无用处，一番心血付之东流。

对袁世凯失望透顶的梁启超在万般无奈之下愤然辞职，结束了与袁世凯的合作历程，准备脱离政治，专心于学。这一年是1914年，梁启超已经42岁。他与袁世凯的恩怨并未就此画上句点，并在1915年开启了他人生中极为光彩的一段反袁复辟的政治生涯。

第六章　力反复辟

帝制逆流

窃国大盗袁世凯做起了皇帝梦。他于1914年3月18日召集约法会议，制定《中华民国约法》。袁世凯在会上对《中华民国临时约法》进行了强烈抨击，他说“其内容规定，束缚政府，使对于内政外交及紧急事变，几无发展伸缩之余地，本大总统证以种种往事之经验，身受其苦痛，且间接而使四万万同胞无不身受其苦痛者，盖两载于兹矣”。言下之意认为中国不适合实行议会政治，内阁制组织松散，无法组建一个强有力的政府带领中国走向强大。而《中华民国约法》则规定实行总统制，袁世凯也成为中华民国正式大总统。

这次会议梁启超被任命为参政院参政及宪法起草会委员。但此时的梁启超已然深知自己主张的立宪政体在中国已没有成功希望，于是谢绝任命，准备离开政坛。他说：“自此以往，除学问上或与之朋辈结合讨论外，一切政治团体之关系，皆当中止。”随后，梁启超隐居在位于天津的书斋“饮冰室”，埋头著书，以图学术救国。

位于天津的梁启超故居近景

1915年5月9日，从日本人口中得到如中国内乱，“愿助平定”许诺的袁世凯，不惜出卖国家主权，与日本签订旨在灭亡中国的“二十一条”，赫然成为赤裸裸的叛国者，引起全国激愤。独裁专制的袁世凯加快了称帝的步伐。

废除《中华民国临时约法》后，袁世凯又建立了一支忠于自己的军队，并设立三个御用参议院代行立法院职权。而《总统选举法》修正案的通过则使作为中华民国正式大总统的袁世凯拥有了指定接班人的帝王式权力。与此同时，袁世凯还网罗了一批御用文人，大写文章为帝制唱赞歌，进行舆论造势。该年9月，袁世凯又授意成立全国请愿联合会，两次请愿要求参政院召开国会解决国体问题。此后，在袁世凯的统一指挥下各省纷纷举行国体投票，最终以赞成君主立宪国体、一致拥戴袁世凯为皇帝宣告结束。12月，联合会一致上“推戴书”，强奸民意：“谨以国民公意，恭戴今大总统袁世凯为中华帝国皇帝。”袁世凯半推半就，于1916年元旦正式登基称帝，改元洪宪，并于登基后在文化界大搞尊孔复古运动，摆出孔子来为其复辟帝制正名。

曾经慷慨激昂地宣告“永不使君主政体再行于中国”的袁世凯，如今却是黄袍加身，做起了专制皇帝。

“二十一条”的签订令梁启超义愤填膺，他撰写了《痛定罪言》一文痛斥袁世凯的卖国行径，对袁世凯大搞复古也痛加鞭挞。梁启超在文章中对袁世凯政府痛心疾首：“吾政府苟非病狂丧心，谅断不至安国家之危、利国家之灾而以为己荣。”梁启超对袁世凯已经完全绝望。

早前在1915年春，梁启超还约冯国璋进京劝谏袁世凯不要称帝，袁世凯还虚与委蛇，竟将梁启超瞒过。这里面还有一段小故事。

冯国璋这时为江苏总督，正当北京要复辟帝制的传言满天飞时，梁启超从上海来到南京，要冯北上劝谏袁世凯。冯国璋说，论口才我不如你，论实力，你不如我，我们一起去，老头子也许会有所顾虑。两人到达北京，袁世凯设宴款待，梁启超正要起身发言，袁世凯微笑着问道，是不是劝我不要称帝？我想问二位，我是做一世皇帝而断子绝孙，还是做万代皇帝福荫子孙呢？两人顿时怔住了，不知如何回答。袁世凯对梁启超说，任公最善知人，我有十几个儿子，任公代我选择一个可做皇帝的，不至连累掘我祖坟者，我再称帝。你看帝制有什么好处呢？没有什么好处。再一个你看我的孩子，老大是个残废，老二是个名士，老三是个流氓，其他的就更差劲了，做个排长都不够格，更不用说让他们做皇帝了。我做皇帝，我的家人孩子都是要受到牵连的，没有什么好处。冯国璋听后，觉得有几分道理。梁启超也深信不疑。在北京的那段时间，袁世凯接二连三地往冯国璋的住所送筵席。他不送一整份，而只送半份，意思是筵席可以平分，天下自然也可以平分，以此笼络冯国璋。

筹安会的建立，袁世凯的狼子野心充分暴露，梁启超决心奋起反抗，表明自己的态度。他奋笔疾书，写成名震天下的《异哉！所谓国体问题者》一文，反击袁世凯主导的复辟逆流。在写作这篇文章之前，梁启超也曾权衡，但随即下定决心，即便是招来杀身之祸，也绝不能容忍袁世凯的倒行逆施。1915年8月20日他在写给大女儿梁令娴的信中就说："吾不能忍（昨夜不寐，今八时矣），已作一文，交荷丈带入京登报，其文论国体问题也。"此文一出，鉴于梁启超在言论界的影响力，袁世凯慌了。他先派人贿赂梁启超20万元，妄图将文章压制，但梁启超不从。恼羞成怒的袁世凯随后又派人威胁梁启超，劝他想想十四年的日本亡命之苦，梁启超笑而答曰："余诚老于亡命之经验家也。余宁乐此，不愿苟活于此浊恶空气中也。”义正词严。随后各种陷害恐吓的匿名信也接连飞来，梁启超仍然不为所动，泰然处之。

《异哉！所谓国体问题者》于1915年8月20日在上海《大中华》月刊发表，引起强烈反响。随后《申报》《时报》等迅速转载，北京《京报》于同年9月3日全文刊发，敲响了袁世凯的丧钟。以至于有人说梁氏“所言全国人民所欲言，全国人民所不敢言。抑非先生言之，故不足以动天下也”。

《异哉！所谓国体问题者》一文揭露了袁世凯背信弃义复辟帝制的骗局，批判猖獗一时的帝制逆流，指责袁世凯犯下“兴妖作浪，徒淆视听而致国家以无穷之戚”滔天大罪。他依据自己对政体国体的深刻见解，有力地驳斥了袁世凯手下一帮御用文人抛出的“与其共和而专制，孰若君主而立宪”论调，将袁世凯复辟帝制就是恢复君主专制的企图大白于天下，呼吁再造共和。

《异哉！所谓国体问题者》的发表，标志着梁启超与袁世凯的公开决裂。此前的梁启超与袁世凯合作，是想依靠袁世凯的力量推行自己的宪政主张救中国。如今的袁世凯倒行逆施，与时代大势背道而驰，将中国推向几乎万劫不复的深渊，心忧天下的梁启超开始了他的反袁大业。

发难西南

《异哉！所谓国体问题者》一文发表前后，梁启超开始与爱徒蔡锷商议反袁大计。蔡锷，字松坡，湖南邵阳人，出身贫苦。1898年，入长沙时务学堂读书，梁启超时任时务学堂中文总教习。蔡锷以优异的成绩得到梁启超的赏识。师生二人意气相投，结下深情厚谊。戊戌政变后梁启超流亡日本，蔡锷随后追随，入梁启超所创办的东京大同高等学校学习。1904年回国后的蔡锷在军界一路青云，云南起义之后成为临时革命军总司令和云南军政府都督，并在1913年5月进步党成立之时被推举为名誉理事与湖南支部部长。1913年10月，奉调入京的蔡锷被袁世凯明升暗降，解掉兵权，担任几个虚职。当袁世凯要复辟帝制的狼子野心暴露之后，向来受梁启超民权思想影响的蔡锷决心反袁。而此时的梁启超也对袁世凯失望透顶。等到梁启超《异哉！所谓国体问题者》一文发表之后，梁袁公开决裂，师徒二人便开始紧锣密鼓地商议反袁大计。二人商议之后决定梁启超去两广，蔡锷回云南，同时派王伯群、汤觉顿分别先期赴云南、广东做准备。师徒二人相约“事之不济，吾侪死亡，绝不亡命。若其济也，吾侪引退，绝不在朝”。

在梁启超的指示下，蔡锷在北京城沉迷声色，整日花前月下，制造假象以迷惑袁世凯。他还故作声势数落梁启超是书呆子，不顾事实，只管空论，令袁世凯对他放松警惕，并成功取道上海南下香港，辗转抵达昆明。

1915年12月16日，梁启超以“赴美就医”的名义，南下上海，临行前，他再书长信一封，奉劝袁世凯不要称帝，放弃复辟的念头。但袁世凯认为梁启超不过一介书生，手无寸铁，对自己构不成太大的威胁，因此对梁启超的最后警告不以为意。只是他没想到，就是这手无寸铁的一介书生梁启超却成为他当皇帝后最大的噩梦，成为他复辟的掘墓人。

此时的云南，反袁声势高涨。蔡锷迅速将云南的反袁势力团结起来，壮大声势。在于12月22日接到梁启超立即起义的指示后，蔡锷召开会议商讨起义大事，参会的39员将领歃血为盟。12月23日，在梁启超起草的《云南致北京警告信》《云南致北京最后通牒》基础之上合成的《唐继尧、任可澄致袁世凯请其撤销帝制电》发出，向袁世凯发出了最后通牒，要求袁世凯废除帝制，恢复共和，将复辟祸首杨度、孙毓筠、严复、刘师培、李燮和、胡瑛、段祺瑞、朱启钤、周自齐、梁士诒、张镇芳、袁乃宽等人立即明正典刑，以谢天下。电文写得正义凛然，慷慨激昂，全文如下：

北京大总统钧鉴：华密。自国体问题发生，群情惶骇。重以列强干涉，民气益复骚然。佥谓谁实召戎，致此奇辱？外侮之袭，责有所归。乃闻顷犹筹备大典，日不暇给，内拂舆情，外贻口实，祸机所酝，良可寒心。

窃惟我大总统两次即位宣誓，皆言恪遵《约法》，拥护共和，皇天后土，实闻斯言，亿兆铭心，万邦倾耳。《记》曰："与国人交，止于信。"又曰："民无信不立。"食言背誓，何以御民，纲纪不张，本实先拔，以此图治，非所敢闻。

计自停止国会，改建《约法》以来，大权集于一人，凡百设施，无不如意。凭借此势以改良政治，巩固国基，草偃风从，何惧不给？有何不得已而必冒犯叛逆之罪，以图变更国体？比者，代表议决，吏民劝进，拥戴之诚，虽若一致，然利诱威迫，非出本心，作伪心劳，昭然共见。

故全国人民腐心切齿，皆谓变更国体之原动力，实发自京师。其首祸之人，皆大总统之股肱心膂。盖杨度等所倡之筹安会煽动于前，而段芝贵等所发各省之通电促成于继。大总统知而不罪，民惑实滋。

查三年十一月二十四日申令有云："民主共和，载在《约法》，邪词惑众，厥有常刑，嗣后如有造作谰言，紊乱国宪，即照内乱罪从严惩办"等语。杨度等之公然集会，朱启钤等之秘密电商，皆为内乱重要罪犯，证据凿然。应请大总统查照前项申令，立将杨度、孙毓筠、严复、刘师培、李燮和、胡瑛、段芝贵、朱启钤、周自齐、梁士诒、张镇芳、袁乃宽等即日明正典刑，以谢天下，涣发明誓，拥护共和。则我大总统守法之诚，庶可为中外所信，而民怨可稍塞，国本可稍定。

继尧等夙爱和平，既怀同舟共济之诚，复念爱人以德之义，用敢披沥肝胆，敬效忠告，伏望我大总统改过不吝，转危为安。民国前途，实为幸甚！再者，此间军民，痛愤久积，非得有中央永除帝制之实据，万难镇劝。以上所请，乞于二十四日上午十点钟以前赐答。临电涕泣，不知所云。谨率三军，翘企待命。

开武将军督理云南军务唐继尧、云南巡按使任可澄叩。漾。印。

但一心想做皇帝的袁世凯并未对护国军的最后通牒加以理睬。

护国军誓师北上

护国军第一军司令部

随后，12月25日，唐继尧、蔡锷联合电告袁世凯，指责袁世凯背叛民国，并宣布云南独立。护国军起义正式开始。蔡锷率领第一军进军四川，李烈钧率第二军进军广西，云南都督唐继尧兼任第三军总司令，驻守昆明。护国军高举“永除帝制，确保共和”的旗帜，势如破竹，接连取得胜利。蔡锷一马当先，攻取四川南部重镇叙府，占领纳溪，士气大涨。随后贵州宣布独立，云南外围得以稳定。

护国军第二军司令部

护国军第三军司令部

在蔡锷等人血战沙场的同时，身在上海的梁启超对起义运筹帷幄，成为护国军实际上的总指挥。他对关涉起义的所有重大问题进行了周密的筹划，在舆论、财政、军事、外交上对护国军进行了不遗余力的支持与指导。

舆论上，梁启超起草的《云贵檄告全国文》由蔡锷与唐继尧于12月31日联合发出，梁启超在文中历数袁世凯自辛亥革命以来的十九大罪状，正气凛然，具有极强的号召力。与此同时，梁启超利用自己的影响力联络各方，力促反袁，并在《时事新报》上广发文章，揭露袁世凯的复辟丑行。袁世凯虽压制舆论，但仍不敌梁启超的如椽巨笔，《时事新报》成为全国首屈一指的反袁舆论阵地。

财政方面，也是让梁启超为难至极的棘手问题。行军打仗，必须兵马未动粮草先行，有充足的资源供应才有胜利的保障。而护国军的大本营云南，位于中国版图的西南边陲，省内山脉纵横，土地贫瘠，无力支撑护国军起义所需的大量粮饷。他在《与蔡锷第四书》中说："滇中财政之窘，久在意中，来此荏苒匝月，一筹莫展，惭汗焦灼，不可言喻。顷已决派小婿周希哲往南洋募捐，彼为南洋产，多识其人。今得西林作书（吾亦作书）介绍，或可有得。"可见筹款之难。为解决财政问题，梁启超积极开展外交活动，除了派女婿周希哲前往南洋筹款外，他还"扩充富滇股本"，"强劝巨室投资"，最终使起义所需粮饷无虞，为护国战争的胜利奠定了基础。

军事方面，梁启超虽然不能指挥护国军进行具体的作战，但却在积极地争取军事力量。他极力鼓动袁世凯的得力助手冯国璋相助护国军。袁世凯做皇帝妨碍了冯国璋的总统梦，令冯国璋对其心生不满。梁启超亲笔修书致冯国璋，言明利害关系，冯国璋虽然没有相助起义，起兵反袁，但承诺绝不与护国军开战，这对护国军来说无疑是一件天大的好事。此外，梁启超在蔡锷率领的护国军与北洋军精锐部队艰苦鏖战时，写信给广西都督陆荣廷，劝他响应起义。陆荣廷与袁世凯素有嫌隙，积怨颇深，他本人对梁启超也是极为推崇。接到梁启超的来信之后，他便派人奔赴上海，邀请梁启超入桂，并有言在先，只要梁启超一进广西，他便立刻宣布广西独立。为了护国军起义的胜利，为了再造共和，梁启超决定冒险一试，起身入桂。此行历经险阻，差点被袁世凯爪牙擒获，在途中梁启超又险些因疾病丧命。但功夫不负有心人，历经千辛万苦赶到广西的梁启超，终于使得陆荣廷宣布广西独立。由此云南、贵州、广西三省连为一体，稳定了护国军的大后方，为护国战争的胜利增添了非常大的筹码。

外交方面，梁启超也是竭尽全力为护国军争取支持。他在《与蔡锷第四书》提到："外交界消息极佳，日本公然拒绝卖国专使，闻三次警告不日将提出。且日本刻意联络吾党，（青木少将特派驻沪，专与吾党通气，日内便到。）饷械皆有商榷余地。张润农顷来沪，明日可到，到后便知其详。吾决以二十八日东渡，或能有大发展亦未可知。”可见护国军是得到了日本的支持的。而云南独立之后，法国、德国驻中国领事都比较同情护国军，也相继表明支持立场，甚至愿意伸出援手。因日本与袁世凯关系最为密切，梁启超认为外交上最重要的莫过于探查清楚日本的态度。梁启超通过自己在日本的朋友犬养毅等人的积极活动，使得日本政界包括陆军与在野党在内的各方纷纷起来谴责日本政府在华扶植袁世凯的政策，从而迫使日本政府改弦更张，由支持袁世凯转为支持护国军。但日本人的狼子野心却昭然若揭，他们只不过是要“另行物色一真实确定携手之人，与之握手”，寻找日本在华的新的代理人，以达到在中国攫取更大利益的目的。情况正如梁启超所说，日本政府派青木中将驻于上海，专门负责与护国军的联络。梁启超力促日本方面转变态度，是护国军外交上难得的胜利，为起义的成功又添加筹码。

对护国军起义运筹帷幄的梁启超，藏身于上海静安寺，整日闭门不出，每天仅靠别人送两顿饭聊以充饥，茶水亦珍贵视若‘甘露’，然而“每日皆竭全力以作文”，沉溺于反袁护国运动的筹划当中，亦“觉此境甚乐也”。可以说，梁启超是护国战争的发动者、组织者，也是护国战争的精神领袖，这是梁启超的光辉业绩。

广西独立之后，反袁已成野火燎原之势，而此时北洋军阀内部也开始分裂，名将冯玉祥直接倒戈，而军阀张敬尧也开始撼动以冯国璋为首的北洋军阀实力派，联合江西将军李纯、浙江将军朱瑞、山东将军庆云鹏、湖南将军汤芗铭共同联名袁世凯取消帝制，恢复共和。此时的袁世凯已经众亲叛离，不得不取消帝制，并于3月22日向全国公布。至此，历时83天的洪宪帝制丑剧最终宣告结束。

在护国运动中，梁启超与蔡锷师生的合作至关重要。梁启超的文章在全国掀起了反抗袁世凯的狂潮，其在后方对战争运筹帷幄，筹集粮饷，寻求支援；而蔡锷则在云南建立了一个稳固的军事基地，统率大军在前线指挥作战，冲锋陷阵，奋力拼搏。两人一文一武，通力合作，都为护国大业的成功立下汗马功劳。

力促统一

袁世凯退位，但依然掌权，仍旧要做中华民国大总统。梁启超对袁世凯的政治伎俩洞若观火，他下定决心要迫使袁世凯下台，为国民除去一窃国大盗。

为了壮大国内反袁复辟的声势，梁启超决心统一南方四省的反袁复国力量，并于1916年5月8日在广东肇庆成立了一个临时政府性质的军务院作为南方四省实际上的政府机关，统一指挥护国军行动。梁启超在军务院中任政务委员，唐继尧为抚军长，岑春煊为抚军副长，陆荣廷、蔡锷、李烈钧、龙济光、刘显世等为抚军。梁启超在军务院成立宣言中明确宣布，军务院的成立“实因时势的必要，暂设以补助法定机关的不足”。军务院依照《中华民国临时约法》拥护黎元洪为总统，在总统失去自由不能履行职务期间，暂由军务院代行其对内对外一切职能。军务院成立之后，即分兵三路对袁世凯进行北伐，给袁世凯以沉重的打击，推动了护国运动的发展。

梁启超认识到，要迫袁世凯下台，必须将袁世凯强奸民意的政治手腕昭告天下，因此必须从舆论上造势。他在1916年5月撰写了《袁政府伪造民意密电书后》一文，淋漓尽致地揭露了袁世凯强奸民意的真面目。文章写道：

自国体问题发生以来，所谓讨论者，皆袁氏自讨自论；所谓赞成者，皆袁氏自赞自成；所谓请愿者，皆袁氏自请自愿；所谓表决者，皆袁氏自表自决；所谓推戴者，皆袁氏自推自戴。

此次皇帝之出产，不外右手挟利刃，左手持金钱，啸聚国中最下贱无耻之少数人，如演傀儡戏者然。由一人在幕内牵线，而其左右十数嬖人蠕蠕而动；此十数嬖人复牵第二线，而各省长官乃至参政院蠕蠕而动；彼长官等复牵第三线，而千九百余不识廉耻之辈、冒称国民代表者蠕蠕而动。

此一出傀儡戏，全由袁氏一人独演。

笔锋犀利，直指问题关键。

此后，梁启超又发表了《袁世凯之解剖》一文，对袁世凯进行总清算。文章写道：

袁氏一生，其言与行，无一不相违，其心与口，无一而相应，彼袁氏盖古今天下第一爱说谎且善说谎之人也。以前清托大臣而盗卖前清，以民国服务之公仆而盗窃民国。既假借外人言论以劫持吾民，复冒用吾民名义以欺罔列国。不自量度而贸然尝试，一遇挫折则觍然乞怜。以总统未足则觊觎皇帝，若皇帝做不成则又将谋保总统。险诈反覆，卑劣无耻，一至此极。

袁氏诚不失为一大人物，然只能谓之中世纪史暗黑时代东方式之怪魔的人物，而决非在十九二十世纪中有价值的人物。

这是梁启超对袁世凯的盖棺定论。

与此同时，北洋军阀内部也并不是铁板一块，为了争权夺利，冯国璋、段祺瑞等人与袁世凯早有嫌隙。梁启超抓住二人与袁世凯的矛盾，最终说服二人逼迫袁世凯下台。此时各地前线的战争依然进行，北方各省也纷纷宣布独立，迫袁下台的呼声越来越高，袁世凯成为真正的孤家寡人。本就身体有恙的袁世凯此刻彻底陷入四面楚歌的境地，于1916年6月6日上午一命呜呼，死于尿毒症。

袁世凯死后，中国局势异常复杂。南北对立，各方势力矛盾重重。段祺瑞主导的北洋政府力主武力统一全国，恢复袁世凯的《民三约法》。而南方护国军方面则要求北洋军撤军，恢复孙中山之《临时约法》。双方针锋相对，冲突几近不可调和。北洋军阀内部也是矛盾重重，总统一职，段祺瑞与冯国璋皆欲取袁世凯代之。而本就是法律指定的接班人副总统黎元洪，也要做总统。护国一方也是如此，以孙中山、黄兴为首的资产阶级革命派则主张扫除余孽，不留后患，而原本护国阵营中的陕西、四川、广东三省在袁世凯死后即宣布退出护国军阵营。

面对混乱的时局，梁启超主张稳定全局，力促南北统一。他一方面敦促段祺瑞与冯国璋依照临时约法，请黎元洪继任中华民国大总统；一方面草拟了南方五省的和谈条件，为南北统一再做贡献。6月29日，黎元洪下令遵行民国约法，并于8月1日召开国会，将袁世凯在位时设立的机关及政令一应废除，同时任命段祺瑞为国务总理。此后，总统黎元洪与国务总理段祺瑞开始了争权夺利，历史称之为“府院之争”，为日后“丁巳复辟”埋下了隐患。

天下初定，惩办复辟帝制的罪魁祸首被提上议事日程。梁启超等要求将杨度、严复、梁士诒等十三人明正典刑以谢天下。但善于玩弄政治手段的段祺瑞却与梁启超周旋，他两面三刀，一面为这些旧交争取缓刑，一面暗示他们速速离开北京。梁启超为大局着想，要段祺瑞出面组织内阁，他认为段祺瑞“宅心仁厚，持恭清重，维护时局，非彼莫属”。因此在惩办帝制祸首的问题上一再向段祺瑞让步，最后此事竟不了了之，只落得个“通而不缉”的结果。但是段祺瑞之流人物志在谋权，在自身大权在握，而不在国计民生。志得意满的段祺瑞又对军务院虎视眈眈，他一边拉拢北洋一派，一边分化护国军势力，图谋搞垮军务院，以便大权独揽。而梁启超为稳定局势，不愿再起纷争，通电唐继尧等宣布撤销军务院，电文如下：

今约法既复，国务总理既特任，虽阁员未经国会通过，然当国会闭会时，元首先任命以俟追认，实为约法所不禁。现国务院既依约法而成，与本院组织条例所指正合。今大总统之依法继任，既符独立各省最初之宣言，政府国会次第成立，允为全国人民心理所同惬。本军务院谨依组织条例于本日宣告撤废，其抚军及政务委员长外交专使军事代表等名目，一并销除，国家一切政务，静听元首政府国会主持。为此布告天下，咸使闻知云云。

至此，中华大地南北统一。

护国战争以推翻袁世凯复辟帝制为目的，以恢复共和相号召。梁启超为战争置生死于度外，南北奔走呼号，运筹帷幄，并于战后力促南北统一，为再造共和与国家统一鞠躬尽瘁。但身为民族资产阶级的梁启超注定难以逃脱其本身阶级软弱性的藩篱，他在推翻了袁世凯的独裁专制之后，又将护国运动的胜利果实拱手交给了另一个妄图独裁专制的段祺瑞，中国政权再次回到了北洋军阀的手中。这是民族资产阶级的历史局限性。

1916年11月8日，爱徒蔡锷在日本福冈与世长辞，年仅34岁，梁启超痛不欲生。在蔡锷的追悼大会上，梁启超泣不成声，只能请人代念悼词。他在祭文中写道："天不欲使余复有所建树，曷为降罚不于吾躬而于吾徒。"已然痛彻心扉。梁启超还给爱徒撰有两副挽联，如下：

国民赖公有人格，英雄无命亦天心。

知所恶有甚于死者，非夫人之恸而谁为。

对德宣战

1914年7月28日，第一次世界大战爆发。至1917年2月德国发动无限制潜艇战，随后美国参战，一批中立国也相继宣布对德绝交，进而宣战。而此时的中国政府内部却在参战与否之间相持不下。国务总理段祺瑞想借参战之机扩大自己的势力，进而更好地左右时局，而总统黎元洪因反对段祺瑞的权力扩张而极力反对宣战，两人之间的矛盾日益加深。这时，对德宣战与否的问题卷入黎元洪与段祺瑞的府院之争中，涉及各方利益的博弈，一时之间难以厘清。

战争爆发之后，梁启超便十分关心战争动态，对日本侵华的野心洞若观火，对中国政府的惧敌心态也有所把握。在对国际国内形势的变化有深刻了解之后，梁启超一反先前的"中立”选择，力主参战。他认为德国的失败是必然的，对德宣战是我国跻身国际社会、增强国际地位的大好时机。只有这样，中国才能在战后的和平会议上争取应有的权利，以遏制日本对中国的狼子野心。

他于1915年春相继发表《欧洲战役史论》《欧战蠡测》等文章，指出战争的本质为西方列强的殖民地争夺之战。与此同时他还在《大中华发刊辞》中深刻地揭露了日本想乘战争之机在中国攫取更大利益的阴谋诡计。面对当时“全国人心理几以中国必亡为前提”的惧敌心理，梁启超撰文从政治、历史等各个角度来说明中国不会灭亡，对缓解中国朝野面对战争的忧愁心态有一定的积极影响。

为调解黎元洪与段祺瑞的矛盾，梁启超于1917年2月8日到达北京，入总统府试图说服黎元洪对德宣战，但未能如愿。黎元洪表示，对德绝交与宣战均需要国会通过，借此拖延和反对参战。此时的国内舆论，强烈反对参战，而梁启超则成为主战派的领袖，力主对德宣战。这遭到反对派的抨击和谴责，不仅多数国会议员反对参战，连时任外交总长的伍廷芳也致信梁启超，劝他放弃参战主张。但梁启超不为所动，他笃定参战对中国有利无害，为此积极奔走，并为同样主张参战的段祺瑞献计献策。他不断地出入内阁、国会，阐述自己的参战主张。

经梁启超多方奔走，中华民国国会参众两院于3月10日和11日分别通过了对德绝交案，北洋政府外交部于3月14日正式宣布对德绝交，但黎元洪、康有为等人仍坚决反对。随后，北洋政府代表陆征祥开始与协约国驻京使节商谈中国参战的相关事宜，梁启超以在野党的身份与各国使节频繁接触，进一步推动对德宣战。

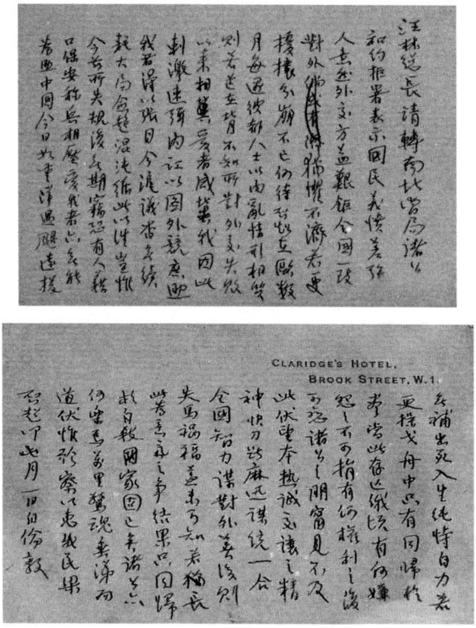
CLARIDGE'S HOTEL,
BROOK STREET, W.1.

梁启超致林长民的信札

梁启超的努力没有白费，在他的极力争取之下，北洋政府最终于1917年8月14日宣布对德宣战。中国参战的消息一出，世界为之震动，具有十分重大的国际意义。

虽然梁启超力促对德宣战最后得以成功，但这并没有化解黎元洪与段祺瑞的府院之争，反倒因为在参战与否问题的上巨大分歧导致两人之间的矛盾冲突愈演愈烈，以至于到了无法收拾的局面。

1917年4月25日，为胁迫黎元洪同意对德宣战，国务总理段祺瑞召集一班亲信督军赶到北京对黎元洪进行施压。而不甘示弱的黎元洪则在5月23日下令解除段祺瑞总理及陆军总长职务。段祺瑞盛怒之下，离开北京，府院之争达到白热化阶段。随后不久，段祺瑞又成功煽动安徽、奉天等八省宣布独立，并在其所在的天津建立临时政府同黎元洪对抗。同时国会大批议员也纷纷辞职离京，政府机关陷入瘫痪状态，政局一片混乱。

孤立无援的黎元洪想到了辫帅张勋，请他进京调停，却不料引狼入室，复辟的闹剧再次上演。

联段讨张

1917年，也就是袁世凯死后的第二年，中国再次上演了一出复辟帝制的闹剧，这次的主角便是应黎元洪邀请入京调停国事的辫帅张勋。

张勋，字绍轩，江西奉新人，他治军不忘前清，令全军保留辫子，遂有“辫子军”及辫帅之称。入京后的张勋便逼迫黎元洪解散国会，为复辟做精心准备。

1917年7月1日，辫帅张勋拥立清代最后一位皇帝溥仪复位，与他的军师康有为一起由紫禁城神武门进入皇宫，宣布恢复大清帝国。张勋因复辟有功被封为内阁议政大臣，康有为则被封为弼德院副院长。因此事发生在农历丁巳年，故亦称丁巳复辟。

复辟的消息传来，身在天津的梁启超震惊不已。一是震惊于袁世凯复辟的闹剧才刚刚平定不久，而今闹剧居然又一次上演。二是震惊于这次复辟的关键人物之一居然是自己的老师南海康圣人。当晚，大总统黎元洪连发三道电令：第一，要求各地立即讨伐国贼；第二，恢复段祺瑞为国务总理；第三，宣布身在南京的副总统冯国璋代行总统职权。布置完毕，黎元洪便逃入日本公使馆避难。

曾决心退出政坛、专心学问的梁启超再也无法置身事外。在张勋复辟的第二天，他与段祺瑞一起在第八师驻地马场召集军事会议，组成“讨逆军总司令部”，即“马场誓师”。段祺瑞对梁启超的到来很是兴奋，他说：“任公上任，军威大振。”段祺瑞任讨逆军总司令，梁启超任参赞，并起草了讨伐复辟的两封通电，即《代段祺瑞讨张勋复辟通电》《反对复辟电》，于次日宣布。电文对张勋、康有为的复辟行径严加痛斥，表明自己反对复辟的鲜明态度：“天祸中国，变乱相寻，张勋怀抱野心，假调停时局为名，阻兵京国”“以今日民智日开，民权日昌之世，而欲以一姓威严，驯伏亿兆，尤为事理所万不能致”。

同时，对于昔日的老师康有为，为共和大业，梁启超也不再客气。他在文中指出：“此次首造逆谋之人，非贪黩无厌之武夫，即大言不惭之书生，于政局甘苦，毫无所知。”他将康有为称为“大言不惭之书生”，宁愿背负背叛师门的舆论重责，也要力反复辟，拥护共和。

当时张勋宣布复辟之后，国内军阀响应者寥寥无几，但是讨伐之声却是接踵而至。张勋拥立宣统皇帝溥仪复位的第二天，身在南京的中华民国副总统冯国璋就发表通电，电文中罗列出张勋复辟的八大罪状，对他痛加挞伐。紧随其后，包括湖南督军谭延闿、湖北督军王占元、浙江督军杨善德、直隶督军曹锟、前海军总长程璧光、淞沪护军使卢永祥等各路人马也纷纷对张勋复辟表示强烈反对。此时的张勋错估了时势，一时之间成为众矢之的。

马场誓师之后，讨逆军进军北京，以摧枯拉朽之势打得辫子军节节败退。随后，张勋与康有为不得不分别逃进荷兰与美国使馆避难，刚刚重登帝位的宣统皇帝也不得不宣布退位。至此，历时12天的张勋复辟就此结束。

辫帅张勋本有五十营辫子军，每营大概500人，但此次进京却只带了大概五分之一兵力。十营辫子军也不过五千多人，相较于兵精粮足的讨逆军，张勋的兵力自然是不足。据传，辫帅张勋进京之前，曾交代部下张文生，要他在徐州好好看家，等到自己复辟之后，发电报一封，上书“速运花四十盆来京”，便立刻带领剩下的四十营辫子军入京。可惜人算不如天算，等到梁启超、段祺瑞宣布讨逆，给徐州发电后的辫帅苦等两天，等来却不是那剩下的四十营辫子军，而真的是四十盆各色花卉。

时势使然，张大帅也只能徒呼奈何。

与康有为分道扬镳

张勋复辟之后，梁启超与康有为彻底决裂，师徒二人从此分道扬镳。

梁启超19岁入万木草堂受康有为教诲，可以说康有为是梁启超的授业恩师。此后梁启超唯康有为马首是瞻，在维新变法的道路上一路追随。流亡日本之前，梁启超的思想并未超出康有为主张的藩篱。正如他自己所说“实无一字不出于南海”，可见康有为对梁启超的影响之深。亡命日本之后的梁启超遍读西书，对中国现状与出路有了更加清醒与深刻的认识，先后创办《清议报》与《新民丛报》，鼓吹立宪，宣扬民权，渐渐已从康有为学说的藩篱中突破，成为中国的言论界骄子。此后，康有为为报光绪帝的知遇之恩，思想主张一直局限在保皇的范围之内无法突破，渐渐落伍于时代，而梁启超则不然。戊戌变法中的梁启超是维新志士，流亡日本后的梁启超曾一度具有革命倾向，但在考察美国政治之后，认定美国政体弊大于利的梁启超又坚定了立宪事业，提倡开明专制。辛亥革命后，帝制被推翻，梁启超认清帝制时代已经远去，共和已成世界大势，于是坚定地反对袁世凯与张勋的复辟，再造共和。可以说，梁启超的思想主张一直随时势而变。

师徒两人在思想上渐行渐远，也与个人的气质性情颇有关联。康有为极为自负，为人狂傲，曾自诩“吾学三十岁已成，此后不复有进，亦不必求进”，而梁启超则与之相反，他自谓“启超不然，常自觉其学未成，且忧其不成，数十年日在旁皇求索中”。

二人虽在主张上相左，但梁启超对康有为一直极为恭敬，妥协忍让，从未撕破脸皮。直到反袁高潮时，康有为发出《请袁世凯退位电》《为国家筹安定策者》等文章，倡议清帝复辟。这让梁启超很是无奈，为造共和，他随即发表《辟复辟论》，与老师康有为针锋相对，二人已近不可调和。后张勋复辟，康有为为之出谋划策，决心缔造共和的梁启超不惜背负背叛师门的骂名，写下那段著名言论：“且此次首造逆谋之人，非贪黩无厌之武夫，即大言不惭之书生，于政局甘苦，毫无所知。”将康有为说成是“大言不惭之书生”。这令康有为极为愤怒，随即写诗相击：

鸱枭食母獍食父，
刑天舞戚虎守关。
逢蒙弯弓专射羿，
坐看日落泪潸潸。

大骂梁启超食父食母，禽兽不如，言辞激烈。

此时的康有为与梁启超已经水火不容，只能分道扬镳。

但世事变迁，康梁二人在心态平复之后，又重归于好，师生情谊甚笃。1927年春，康有为过七十大寿，梁启超亲往祝寿，并撰《南海先生七十寿言》一文，文章写得情文并茂，被传诵一时。他又手撰一联，热情歌颂康有为的业绩，其联如下：

述先圣之玄意，整百家之不齐，入此岁来已七十矣！

奉觞豆于国叟，致欢忻于春酒，亲授业者盖三千焉！

此后不久，南海康圣人在青岛谢世。梁启超为恩师撰写《公祭康南海先生文》祭文一篇，挽联一副，在祭文中深情回忆了康有为一生所参与的重大历史事件，尤其对戊戌变法盛赞有加，他说："后有作新中国史者终不得不以戊戌为第一章。斯万世之公论，匪吾党之阿扬。"但对康有为复辟一事，梁启超痛心之余也表示理解，祭文中写道：

复辟之役，世多以此为师诟病，虽我小子，亦不敢曲从而漫应。虽然丈夫立身，各有本末，师之所以自处者，岂曰不得其正！思报先帝之知于地下，则于吾君之子而行吾敬。栖燕不以人去辞巢，贞松不以岁寒改性。宁冒天下之大不韪，而毅然行吾心之所以自靖。斯正吾师之所以大过人，抑亦人纪之所攸托命。任少年之喜谤，今盖棺而论定，呜呼哀哉，今复何言。

其挽联写道：

祝宗祈死，老眼久枯，翻幸生也有涯，幸免睹全国陆沉鱼烂之惨！

西狩获麟，微言遽绝，正恐天之将丧，不仅动吾党山颓木坏之悲！

悲凉慷慨，令人唏嘘不已。

出任财政总长

平定张勋复辟之后，总统黎元洪宣布辞职，副总统冯国璋在南京就任代理大总统，段祺瑞以国务总理之职在京组阁，梁启超被任命为财政总长。梁启超一向对财政颇感兴趣，袁世凯政府时期就任币制局总裁就是一例，但在任期间却无法实现自己整顿财政的抱负。这次段祺瑞组阁，梁启超认为时机难得，他自己曾说："洪宪以后，我本不想再入政界，不过当时一来因段芝泉（段祺瑞字芝泉）组阁，不得不与之合作；二来见机会太好了，本人确有野心来整理财政，所以去干财政总长。"

袁世凯死以后，地方军阀割据愈演愈烈，中央软弱无力，政令难出北京，对本就遭到严重破坏的国内经济无疑更是雪上加霜。再加上货币贬值、物价飞涨以及沉重的外债负担，整个政府的财政早已是入不敷出，困难重重。而梁启超要面对的就是这样一个烂摊子。

上任伊始的梁启超提出了“改革币制，整顿金融”的八字方针，利用中国成为协约国之后庚子赔款暂缓五年的大好时机，全力整顿金融。他煞费苦心，提出了一个比较完整的财政整顿策略。他说：“令租税政策、银行政策、公债政策，冶为一炉，消息于全国生计之微，而善导之，利用之，庶几有济。”治理财政向来注重开源与节流。梁启超也应时而动提出具体的十三条对策，他将外债与节俭定为治标之策，将整顿币制与扩充税源定为治本之策，并认为可以先从治标做起，进而达到治本的目的。他曾经将希望寄托在举借外债上，希望能借到一笔款项作为整理财政的基金。他曾说：“夫以今日而理中国之财，虽管仲、刘晏（唐朝大理财家）复生，亦不能不乞灵于外债。”他通过时任日本外相的好友犬养毅得到了日本政府借出的一笔1000万日元的善后借款，随后又借入450余万，并在国内发行公债5000万元，试图解决北洋政府本已穷途末路的财政困难。然而事与愿违的是，当时的政治环境混乱不堪，战事又起，根本不允许梁启超安心整理财政。

段祺瑞组阁后，共和政体尚未依照《中华民国临时约法》恢复国会。段祺瑞怕国会恢复后会妨碍自己的权力，因此不愿重开国会。革命党人则极力反对，抨击北洋政府违背《中华民国临时约法》的可耻行径。8月，在孙中山的号召下，150余位南下的国会议员在广州召开了国会非常会议，推举孙中山为护法军政府大元帅，护法运动就此开始。

向来野心勃勃的段祺瑞决心武力镇压。打仗需要军队，更需要经费。段祺瑞一方面拼命扩充军队，一方面将梁启超准备用于整顿财政的资金挪用充当军费。本就入不敷出的政府财政根本承受不起战争所耗费的巨大开支，梁启超整顿财政的梦想也因此破灭，愤而辞职。后经冯国璋极力挽留，梁启超只得勉力为之。但此时的北洋政府内部，冯国璋与段祺瑞之间的争权夺利进一步加剧，政府要员离心离德。随着护国军的节节胜利，段祺瑞内阁终于倒台，梁启超也离开北京，从此退出政坛，结束了他前半生光彩照人却并不成功的政治生涯。

第七章　江湖之远

启程赴欧

1918年，第一次世界大战以协约国的胜利告终，中国成为战胜国之一。11月14日，北洋政府宣布全国放假三天欢庆。这是自鸦片战争以来，中国第一次成为战胜国，实在可喜可贺。

战后，巴黎和会定于1919年1月在法国巴黎召开，北洋政府派出以陆征祥为首的五人代表团，出访巴黎，希望借此机会为中国争取到战胜国应有的权利。

梁启超也希望借此天赐良机提高中国的国际地位，收回山东的权益。经多方周转，他筹集了10万元经费，精选了一批学有专长的精英，组成了一个民间代表团，赶赴巴黎和会。鉴于梁启超在推动对德宣战方面功不可没，北洋政府决定给他一个“欧洲考察团”的名义，使他可以以巴黎和会中国代表团会外顾问及记者的身份，与各国人士交流，进行会外活动。梁启超自己讲到此次欧洲之行的原因时说："我们出游目的，第一件是想自己求一点学问，而且看看这空前绝后的历史剧怎样收场，拓一拓眼界。第二件也因为正在做正义人道的外交梦，以为这次和会真是要把全世界不合理的国际关系根本改造，立个永久和平的基础，想拿私人资格将我们的怨苦向世界舆论申诉申诉，也算尽一二分国民责任。如今外交是完全失望了。"

1918年12月28日，梁启超率丁文江、蒋百里①等人，乘坐日本轮船横滨号起航前往欧洲。梁启超此次欧洲之行的第一站是英国伦敦。在英国，梁启超专程跑到英国国会下议院去旁听辩论。感受到西方成熟民主制度的他随即感慨万分："他们讨论国家大计，像似家人妇子围在一张桌子上聚谈家务，对于政敌的意见，却是诚心诚意地尊重对方。"对比国内的政治情形，梁启超说，我想一个国民若是未经养成这种精神，讲什么立宪共和，岂非南辕北辙?

力拒签字

梁启超一行在英国停留了一周时间，便即启程，于2月18日抵达巴黎。此时巴黎和会正在召开。梁启超一到巴黎就以中国

---

① 蒋百里（1882 ~ 1938），名方震，1882年出生，浙江海宁人，清末秀才，著名军事理论家、军事教育家。

在野人士的身份开展会外活动，多方奔走，希望能收回山东的权益。

早前梁启超将赴巴黎之时，曾受日本驻华代理公使芳泽特之邀出席一次宴请，日方意在探查中国在巴黎和会上的主张。宴席之间，双方谈到胶州问题，梁启超即郑重指出："我们自对德宣战后，中德条约废止，日本在山东继承权利之说法，当然没有了根据。"日方颇不以为然。在梁启超抵达巴黎之初，气焰嚣张的日本人便在报纸上扬言中日两国政府已将山东事务洽谈妥当。梁启超气愤之余，向与会各国郑重声明绝无此事，并义正词严地说："若有别一国要求承袭德人在山东侵略主义的遗产，就为第二次世界大战之媒，这个便是和平公敌！"随后，梁启超火速撰写了《世界和平与中国》与《国际同盟与中国》两篇文章来表明中国的正义要求与态度，并请人翻译成英法文字广为流散，同时以中国名士的身份与美国总统威尔逊、英法国家代表及社会名流会晤，为争取巴黎和会的外交胜利积极运动，心中充满着胜利的希望。

但无情的事实却把梁启超的希望击成齑粉。

一方面，早在巴黎和会之前，段祺瑞主导的北洋政府就于1918年9月不惜以牺牲山东权益为代价，换取了对日本借款2000万元的密约。而根据双方此次密约，日本将继承并扩大德国在山东的一切特权。这使得日本代表在巴黎和会的外交上有恃无恐。更为可耻的是，当日本因山东问题向北洋政府施加压力时，北洋政府竟发表声明说：“中日两国正谋亲善之实现，更不应有何误解，盼望我两国代表在巴黎会议场中，勿再生何等之误会。”对日本卑躬屈膝，软弱至极。得知真相的梁启超愤恨不已，他于3月中旬致电北京国民外交协会汪大燮、林长民并请其转呈大总统，汇报山东问题的进展并要求政府对日本采取强硬态度，电文中说：“交还青岛，中日对德同此要求，而孰为主体，实为日下竞争之点。查日本占据胶济铁路，数年以来，中国纯取抗议方针，以不承认日本继承德国权利为限。本去年9月间，德军垂败，政府究何用意，乃于此时对日换文订约以自缚，此种密约，有背威尔逊十四条宗旨，可望取消，尚乞政府勿再授人口实，不然千载一时良机，不啻为一二订约之人所败坏，实堪惋惜。”梁启超一腔爱国热情溢于言表。

另一方面，巴黎和会名义上为协约国集团为解决第一次世界大战所造成的问题及奠定战后和平而召开的会议，但实质上却是在美、英等大国操纵下的帝国主义列强瓜分殖民地和划分势力范围的分赃大会。嚣张的日本代表扬言如不承认日本继承德国在山东的权益，便会拒绝在合约上签字，美、英等大国亦准备对日本做出让步。积贫积弱的中国，成为此次帝国主义列强相互争夺利益的牺牲品。

4月29日，巴黎和会同意将德国在山东的权利让与日本！中国外交失败！

这让梁启超感到深深的愤怒，愤怒卖国的段祺瑞政府，愤怒嚣张跋扈的日本，愤怒对日妥协的帝国主义列强。

得知噩耗后的梁启超深知山东问题关系重大，必须立即通知北洋政府，试图力挽狂澜。4月24日，梁启超急电北京国民外交协会两位总长汪大燮和林长民，称：“对德事闻将以青岛直接交还，因日使力争，结果英、法为所动。吾若认此，不啻加绳自缚，请警告政府及国民，严责各全权，万勿署名，以示决心。”建议发动不签字运动，坚决抵制巴黎和会做出的不平等决议。这就是名噪一时的“外交警报”。在揭露巴黎和会阴谋的同时，梁启超还提醒国内当权者要充分注意到帝国主义列强对中国的虎视眈眈。他说：“环顾宇内，就剩中国一块大肥肉，自然远客近邻，都在打我们的主意，若是自己站不起来，单想靠国际联盟当保镖，可是做梦哩。”

林长民得知电文后，立即按照梁启超的要求，通过外交协会电致巴黎中国全权代表决不可签字，并经总统徐世昌同意，急电巴黎和会中国代表陆征祥，若和会将山东权益转交日本，务必全力抗拒。

同时，爱国热血沸腾的林长民在激愤中血泪交加，挥笔疾书《外交警报敬告国民书》，发表在1919年5月2日的《晨报》上。文章写得悲壮慷慨，呼吁中国民众对巴黎和会的不公决议进行誓死抵抗，将一腔爱国热情抒发得淋漓尽致，读来动人心魄。全文抄录如下：

外交警报敬告国民

一九一九年五月二日

林长民

昨得梁任公先生巴黎来电，略谓：青岛问题，因日使力争结果，英法颇为所动，闻将直接交于日本云云。

呜呼！此非我举国之人所奔走呼号，求恢复国权，主张应请德国直接交还我国，日本无承继德国掠夺所得之权利者耶。我政府我专使非代表我举国人民之意见，以定议于内折冲于外者耶。今果至此，则胶州亡矣！山东亡矣！国不国矣！此恶耗，前两日仆即闻之。今得任公电，乃证实矣。闻前次四国会议时，本已决定德人在远东所得权利，交由五国商量处置，惟须得关系国之同意。我国所要求者，再由五国交还我国而已，不知因何一变其形势也。更闻日本力争之理由无他，但执一九一五年之二十一款及一九一八年之胶济换文及诸铁路草约为口实。呜呼！二十一款出于胁迫，胶济换文以该路所属确定为前提，不得迳为应属日本之据。济顺、高徐草约，为预备合同，尚未正式订定。此皆我国民所不能承认者也。国亡无日，愿合我四万万众誓死图之。

梁启超的“外交警报”与林长民的这封《外交警报敬告国民书》点燃了中国人民心中爱国主义的熊熊烈火，轰轰烈烈的五四运动就此爆发。由北京到上海，由学生到工人，举国激愤。伴随着“取消二十一条”、“还我青岛”、“保我主权”的口号，五四运动如火如荼发展起来。在巴黎的梁启超将和会消息告知在巴黎的留学生，进行抗议。6月28日合约签字那天，巴黎留学生与华侨商人等将中国代表团寓所团团围住，对中国代表发出“如敢出门，当扑杀之”的警告，要求中国代表拒绝签字。陆征祥等人寸步难行，被迫向报界发表声明拒签和约。至此，日本利用巴黎和会窃取山东利益的阴谋最终破产。

但对山东虎视眈眈的日本野心不死，于1920年1月9日卷土重来，又恬不知耻地向中国外交部提出山东善后的问题，并妄图绕过协约国集团与中国直接交涉，狼子野心昭然若揭，即刻遭到中国人民的强烈反对。

同年3月5日，从欧洲归来的梁启超当即发表谈话，坚决反对日本的无理要求。他说：“夫既拒签于前，当然不能直接交涉于后。吾辈在巴黎时对于不签字一层，亦略尽力，且对有条件签字说，亦复反对，乃有不签字之结果。今果直接交涉，不但前功尽失，并且前后矛盾，自丧信用，国际人格从此一隳千丈，不能再与他国为正义之要求矣。”23日，梁启超在《申报》上发表关于山东问题的谈话，他说：“中国代表没有在巴黎和约上签字，就是中国的胜利，日本的失败，今日中国若放弃前功，有辱国家人格，必须抱定‘拒绝直接交涉的决心’。”

梁启超所发表的这一系列对日本外交的谈话，坚定了中国绝不同日本直接交涉山东问题的严正立场。而山东问题也最终得以在1922年2月4日召开的华盛顿会议上得到解决。这次会议签订了《中日解决山东悬案条约及附约》，条约内容规定除淄川、坊子、金岭镇各矿山由中日合办外，——中国终于收回了青岛及山东的全部权利。

欧游心影

梁启勋（1876~1965）

在欧洲期间，梁启超先后游历了法、英、德等国家，饱览各国的主要风景名胜，学习考察了西方文明，也目睹了各国经历世界大战遭到严重破坏的现实，对战后的西方社会有了较为深刻的体察。他在1919年6月9日给弟弟梁启勋的信中说："数月以来，晤种种性质差别之人，闻种种派别错综之论，睹种种利害冲突之事，炫以范象通神之图画雕刻，摩以回肠荡气之诗歌音乐，环以恢诡葱郁之社会状态，饫以雄伟娇变之天然风景，以吾之天性富于情感，而志不懈于向上，弟试思之，其感受刺激，宜何如者。吾自觉吾之意境，日在酝酿发酵中，我之灵府必将起一绝大之革命。惟革命产儿为何物，今尚在不可知之数耳。"

回国后的梁启超撰写了《欧游心影录》一书，记录了他此次欧洲之行的心灵观照。在这本书的第一章，梁启超写了这样一段话：

记得一位美国有名的新闻记者赛蒙氏和我闲谈。（他做的战史公认是第一部好的）他问我："你回到中国干什么事？是否要把西洋文明带些回去？"我说："这个自然。"他叹一口气说："唉。可怜。西洋文明已经破产了。"我问他："你回到美国却干什么。"他说："我回去就关起大门老等。等你们把中国文明输进来救拔我们。"

战后的欧洲一片狼藉，梁启超目睹欧洲西部战场的满目疮痍，心中开始对科学之于人类的作用起了疑心。他把造成西方文明灾难的原因归结为对物质机器的不当利用，把物质生活凌驾于一切事物之上。战争本身就已经证明了过于推重物质文明所带来的严重恶果。梁启超认为，科学的发展会逐渐破坏掉人们赖以支撑精神世界的宗教与哲学，导致人们的精神生活一片空虚，人与人之间会逐渐冷漠，缺乏理解与关爱，以至于引发争斗，酿成惨祸。人世的美与爱也将不复存在。此时的梁启超反观中国传统，开始切身感受到东方文化中哲理的深邃，感受到东方文化的优长之处。于是回国之后的梁启超宣布欧洲的物质文明已经破产，主张弘扬中华传统文化，以弥补西方文化之不足。

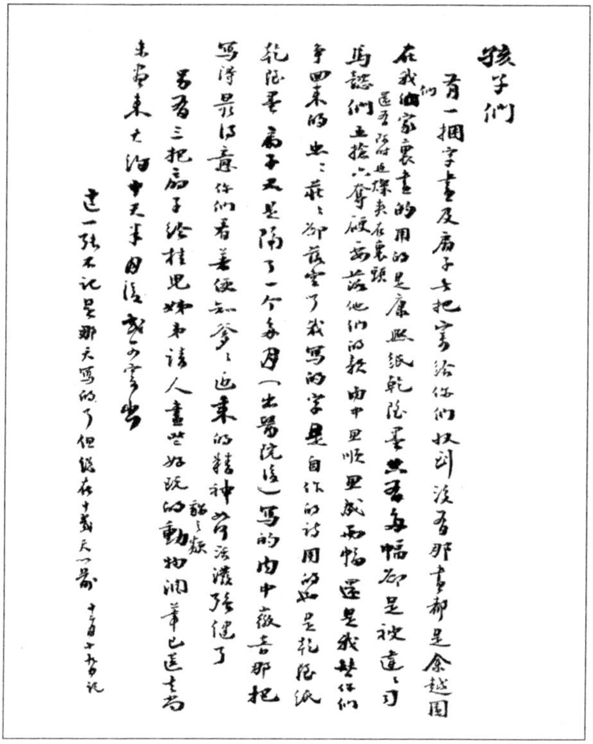

梁启超家书手迹

在《欧洲心影录》里，梁启超虽然宣布西方的“科学万能论”已经破产，但他同时也断言欧洲文明绝不至于灭绝，因为欧洲文明“是建设在大多数人心理上，好像盖房子从地脚修起，打了个很结实的桩儿，任凭暴风疾雨，是不会动摇的”。他认为西方文明已经造就了有责任感和创造力的现代国民，因而坚持主张“拿西洋文明来扩充我的文明，又拿我的文明去补助西洋文明”。于是他提出了将中西文化融为一炉的观点，反对抛弃传统、全盘西化，更反对抱残守缺、一成不变，他主张借用西方文化中的优良长处来改造中国传统文化，使之再度复兴。

梁启超从欧洲回国的时候，正值国内新文化运动如火如荼的时候。新文化运动标榜科学与民主，主张全盘否定中国传统。因此梁启超的这些观点遭到新文化运动健将们的坚决反对。梁启超宣布西方的“科学万能论”已经破产，其本意并不在否定科学，而是告诫人们不可对物质文明过分依赖。梁启超曾这样比喻西方文明：“在物质的组织下，全社会就像一个大机器，一个轮子出了毛病，全副机器摆在那，苦痛真说不尽。”梁启超宣扬用中国传统文化的精华去拯救西方文明，也是客观中肯的见解。然而在那样一个急于批判传统、学习西方，急于树立新偶像和新权威的时代氛围里，梁启超的这些思想被新文化运动的健将们误解也是意料之中的事情。

比如胡适就曾说：“人们常说东方文明是精神的文明，西方文明是物质的文明或唯物的文明，这是有夸大狂的妄人捏造出来的谣言，用来遮掩我们的羞脸的。”他还说“我们必须承认我们自己百事不如人”，要“很不客气地指摘我们的东方文明，很热情的颂扬西洋的近代文明”，对梁启超的误解已经到了激进的地步。

欧游回来的梁启超认识到中国传统文化的优长，主张中西结合，将中国文化发扬光大，同时也主张用东方文明的精髓去拯救西方，体现出对中国传统文化复归的渴望。这在那个全面向西方寻求救国真理的时代中是难能可贵的。梁启超曾说："近年来西洋学者，许多想输入些东方文明，令他们得些调剂。我仔细想来，我们实在是有这个资格的。"语言平淡质朴，却充溢着一位学贯中西的饱学之士对中华传统由衷的赞美之情和洋溢的民族自豪感。这是自鸦片战争以来中国思想界第一次对中国传统文明的有力捍卫，尽管在当时那个崇尚西学的年代里在所难免地被误读，但今天看来，仍然具有非常大启发意义。

第八章　学者风范

潜心治学

如果以1895年梁启超会试落第和1917年辞去财政总长之职为界，将梁启超的人生分成三段的话，第一段是他二十三年春风得意而又踌躇满志的读书生涯，第二段是他二十二年精彩至极却又并不成功的从政生涯，最后一段则是他人生中最后十二年投身学术与教育的辉煌晚年。

1920年3月，欧游归来的梁启超退出政界，开始致力于文化教育事业。在欧洲的见闻让他认识到中华传统文化的优良之处，他决心全力研治国学，挖掘东方文明的精髓。书生性情的梁启超可能算不上是一个合格的政治家，但却是一位出色的学者与教授。

这一年，著名军事家蒋百里的《欧洲文艺复兴时代史》脱稿，邀请梁启超作序。岂知梁启超思如泉涌，下笔不能自休，竟成洋洋数万言，篇幅几乎与原书相等，只好单独出版，这就是著名的《清代学术概论》。关于写作《清代学术概论》的原因，梁启超在这本书的《自序》中这样说道："吾著此篇之动机有二。其一，胡适语我：晚清'今文学运动'，于思想界影响至大，吾子实躬与其役者，宜有以纪之。其二，蒋方震著《欧洲文艺复兴时代史》新成，索余序，吾觉泛泛为一序，无以益其善美，计不如取吾史中类似之时代相印证焉，庶可以校彼我之短长而自淬厉也。乃与约，作此文以代序。既而下笔不能自休，遂成数万言，篇幅几与原书埒。天下古今，固无此等序文。脱稿后，只得对于蒋书宣告独立矣。"

梁启超所写的《清代学术概论》，以时代为经，以学人学派为纬，以思潮的兴盛转折为主线，对清代各个时期学术的代表人物与代表学派作了重点论述，内容涉及哲学、经学、史学、考古学、地理学、金石学、校勘学、文学、佛学、美术、诗歌、典章制度、天文历算等诸多学术领域，线索明了，思路清晰，一气呵成，将清代学术三百余年的概况勾勒得一清二楚，成为后世研治清代学术史的必读书目，被研究者称为"近代学术史上的一件珍品"。相传梁启超写作这本将近六万字的著作只花了一周时间，脑力反映之敏捷，下笔成文之迅速，当真令人叹为观止。

这一年，梁启超开始系统地研究佛学，他集中阅读了大量佛经，并撰写了三十多万字阐述佛学的文章，不少论述至今仍被学术界视为不易之论，具有非常高的学术价值。

这一年，梁启超还集中精力研究了春秋战国时期的大思想家墨子，并于次年出版《墨子学案》一书，颇多真知灼见。

这一年，梁启超还决定进行《中国通史》的编著，尽管后来因故搁浅，但他撰写的《太古及三代载记》《春秋载记》《战国载记》三篇文章，系统论述了中国先秦时期的历史，至今仍然具有很大的参考价值。

也是在这一年，梁启超开始投入大量的时间和精力研究先秦思想史，先后发表了《老孔墨以后学派概观》《先秦政治思想史》《先秦学术年表》《老子哲学》《〈庄子•天下篇〉释义》《〈韩非子•显学篇〉释义》《读〈孟子〉界说》《司马谈谈六家要旨书后》《〈汉书•艺文志〉诸子略考释》等数十种研究论著，全面系统地研究了先秦诸子的学术思想，并对汉代学者研究先秦思想的得失进行了比较客观的评价。

早在20世纪初，梁启超就致力于探讨史学理论，他写了《中国史叙论》《新史学》等著作，对史学理论大有建树。到1921年，梁启超在南开大学讲授《中国历史研究法》，并于次年将授课所编讲义整理出版，四年后又做进一步扩充，著成《中国历史研究法补编》。在这两部书中，梁启超系统阐述了他在史学思想、文献学、考据学、史科学、编纂学、方法论等方面的观点，多有开创性见解。由此，梁启超构建起自己史学理论体系的基本框架，成为中国近代资产阶级史学理论的经典之作，为中国近代资产阶级史学理论的形成与发展做出了可贵的探索，贡献卓著。

1923年，梁启超将在清华讲授《中国学术史》所编的讲稿整理成书，命名为《中国近三百年学术史》，并于1924年出版，成为继《清代学术概论》之后又一部论述清代学术史的力作。在书中，梁启超肯定了清代学者整理旧学的总成绩，对清代学术的成就条分缕析，如数家珍，对清代学术的弊端也多有中肯的批评。梁启超虽然也有其时代局限性，并在论著中表现出来，但直到今天，他的这两部著作对于探索清代近三百年来中国学术思想史的演变进程，仍然具有无法替代的史料与学术价值。

可以说，欧游回国后的梁启超将他全部的心力投入到了对学问的孜孜以求中。1920年，是他学术生命力开始爆发的一年，梁启超一代国学大师的地位在这一年开始奠基。他在哲学、文学、史学、经学、法学、伦理学、宗教学等领域均有不凡建树，其中以对史学的贡献最为卓著。其著作被编为《饮冰室合集》，总计超过1400万字。

梁启超“百科全书”的盛名绝非虚誉。

授业南开

梁启超后半生的治学生涯是伴随着他的从教历程的。从1921年起，他先后在南开大学、清华大学任教，并奔赴上海、济南、南京、苏州、无锡、南通等地讲学，涉及内容包括文学、历史、宗教、伦理、教育、政治、艺术、科学等诸多方面。其讲学次数之多，跨越地域之广，论述题材之博，产生影响之大，到场听众之多，创造了中国近代学术演讲史上的空前盛况。

1921年3月，梁启超应邀参加南开大学大学部的开学仪式，并发表演讲，对刚刚成立仅三年的南开大学寄以殷殷希望："我们要希望大学办得欧美那样好，能发扬中国固有的学术，不能不属望于私立的南开大学了。南开师生有负这种责任的义务。如是南开大学不独为中国未来私立大学之母，亦将为中国全国大学之母。"同时，他还勉励南开学子刻苦求学，将中西文化融为一体，为国家昌盛做出贡献。他说："我盼望诸君不要怕难，奋兴起来，一面发扬我国祖宗传下来的学业，一面输入欧西文化，这样责任不能不望之于中国私立的南开大学了。"

在南开，梁启超受到南开大学校长张伯苓的极度礼遇与推崇，决定将整个南开的文科交由他主持，而梁启超也当即表示："若将文科全部交我，我当负责任。"并同时举荐张君劢为文科主任，蒋百里、张东荪、林宰平、梁漱溟等硕学名流各任一门教职，并雄心万丈地说："吾六人者任此，必可以使此科光焰万丈。"

这年9月，梁启超开始在天津南开大学主讲中国文化史，受到南开师生的热烈欢迎，现场座无虚席，全校倾动。南开大学也对梁启超的讲座非常重视，将其列为南开大学部全体学生的必修课。讲演中的梁启超高谈阔论、文采飞扬，一众学子为其风采所倾，掌声雷动。

1923年，梁启超计划在南开大学部创办文化学院，依托南开大学进行办学，并为此做出了详尽的规划。在梁启超拟定的规划中，文化学院是一个兼具书院与学校性质的学术机构，设在南开大学校园之内。学院将开设“本班”来招收中学毕业生，开设“研究班”来招收大专及大学毕业生，开设“补习班”来招收高等师范学校的学生，开设“函授班”来招收不能到学院学习的学生。这与如今的高校招生体系已经非常接近，可谓开风气之先。梁启超在给文化学院制定教学方面的规划之外，又打算在学院内开展整理中国古籍、编著教科书等方面的工作，想要将文化学院建设成为弘扬中国传统文化的基地，并为之四处奔走，但终因经费问题而不得不中道夭折。

七十七年后的2000年，“东方文化研究院”正式在南开大学成立，梁启超当年未尽的心愿终于得以实现。

执教清华

如今的清华大学以理工闻名海内，殊不知在清华的校史上也曾有过一段人文荟萃的辉煌时代，而这便与梁启超的加盟密不可分。

清华大学的前身为清华学堂，建于1911年，本是借助美国退还的部分“庚子赔款”而建立的留美预备学校，1912年起更名为清华学校。这一年，梁启超来到清华学校讲学，应邀担任一学期中国史课程的教学任务。在讲学之余，梁启超还为清华学校中文学社的同学做演讲，演讲的题目为《中国韵文里头所表现的情感》。梁启超讲得声情并茂、绘声绘色，深深地感染着在场的学生。

梁实秋就曾回忆起当年在清华读书的时候听梁启超演讲时的情景：“先生博闻强记，在笔写的讲稿之外，随时引证许多作品，大部分他都能背诵得出。有时候，他背诵到酣畅处，忽然记不起下文，他便用手指敲打他的秃头，敲几下之后，记忆力便又畅通，成本大套的背诵下去了。他敲头的时候，我们屏息以待，他记起来的时候，我们也跟着他欢喜。”梁实秋说梁启超演讲进行到紧张的地方时，便手舞足蹈，掩面、顿足、狂笑、叹息，种种神情不一而足，简直就像是在表演一样。

据说当他讲最喜爱的《桃花扇》，念到“高皇帝，在九天，不管亡家破鼎，那知他圣子神孙，反不如飘蓬断梗”这一段的时候，梁启超竟抑制不住，悲从中来，痛哭流涕。讲杜甫的《闻官军收河南河北》，念到“剑外忽传收蓟北，初闻涕泪满衣裳”的时候，先前还在痛哭的梁启超居然又破涕为笑了。

这大概就像熊佛西[①]曾说的那样：“先生讲学的神态有如音乐家演奏，或戏剧家表演：讲到幽怨凄凉处，如泣如诉，他痛哭流涕；讲到激昂慷慨处，他手舞足蹈，怒发冲冠！总之，他能把他整个的灵魂注入他要讲述的题材或人物，使听者忘倦，身入其境。”

学识渊博的梁启超为演讲精心准备，演讲时更是不遗余力，常常满脸都是汗水，他喝一口水，擦一把汗，不时让坐在前排听讲的长子梁思成上去把黑板擦擦。每次他都尽情发挥，以至于总不能在铃响之前结束。听众们耐心等待，没有一个人先行离开。等他讲完，便报以雷鸣般的掌声。梁启超就在这掌声中慢慢走出教室。

1925年，清华学校设立大学部，决定开办研究院国学门，通称国学研究院。当时的清华大学校长曹云祥邀请王国维、梁启超、章太炎、赵元任担任导师，但是章太炎并没有接受这一邀请。这一年年底，梁启超向曹云祥推荐陈寅恪担任国学研究院导师一职，这里面还有一段流传甚广的趣事。曹云祥问，陈寅恪先生是在哪个国家读的博士？梁启超说，陈寅恪既不是博士，也不是硕士。曹云祥又问，陈先生有什么著作？梁启超回

---

① 熊佛西（1900 ~ 1965），原名福禧，谱名金润，字化侬，笔名戏子，有时署名向君，戏剧教育家，剧作家。他是中国话剧的拓荒者和奠基人之一，一生创作了 27 部多幕剧和 16 部独幕剧。

答说，陈寅恪没有著作。这下曹云祥不乐意了，连忙摇头说，陈先生既不是博士，又没有著作，这样是不能担任导师的。这种以文凭著作取人的方式让梁启超很是厌恶，他生气地说，我梁某人就不是博士，著作虽然多，但统统加起来也抵不上陈寅恪先生寥寥数百字的价值大。你要是不请他来，就让他在国外给别人效力吧！听梁启超这样一说，曹云祥意识到陈寅恪此人能得梁启超如此推崇，绝对非同小可。于是他就依照梁启超的意思，邀请陈寅恪回国到清华国学研究院担任导师。

20世纪20年代，梁启超和三子思永（右一）、四子思达的合影

至此，名满天下的清华国学院四大导师聚齐，开启了清华校史上文史风流的鼎盛时代。清华大学的老校长梅贻琦曾对大学有一句非常经典的定义，他说："所谓大学者，非谓有大楼之谓也，有大师之谓也。"极言大师之重要。

任职国学研究院导师的梁启超在清华招生授业，在诸子学、中国佛学史、宋元明学术史、清代学术史与中国文学这五大学科范围内对学生予以指导。在授课与做学问的同时，梁启超还经常举行演讲，他以巨大的人格魅力和渊博宏富的学识浸润着为数众多的清华学子。从1925年国学研究院设立，到1927年梁启超抱病无法上课，在清华的这段时间里，身为学者的梁启超达到了治学生涯的巅峰状态。后来随着名列四大导师之首的王国维投湖自尽和梁启超的离去，清华国学研究院无以为继，开办四年之后便被撤销。

梁启超与清华的结缘也算是时势使然。一方面，退出政坛的梁启超致力于学，他需要一个安逸的治学环境和一个表达学术见解的平台，而清华为就为他提供了这样一个环境与平台。另一方面，刚刚兴办的清华国学研究院，也正因为有了梁启超这样一位在中国政界、舆论界拥有广泛影响力的大师级人物的加盟才获得了如此大的名声。之于南开，也是如此。

第九章　流风余韵

大师长眠

1921年以后，正是梁启超一生之中讲学和著述最为繁忙的一段时间。这段时间里，他除了在全国多地巡回演讲，更是每日埋头著书，几乎每天都挑灯夜战，以至于通宵达旦。由于长期得不到正常休息，他的身体无法承受如此沉重的负荷，健康方面已是每况愈下。

1924年春天，与他相濡以沫、天涯相随的夫人李蕙仙复发癌症，发现时已到晚期。梁启超日夜看护，一连数月守在夫人的床榻旁边。这让本来就健康状况有虞的梁启超患上了小便出血的症状。但他因夫人李蕙仙正处重病之中，不愿意再为家庭增加负担，便将自己的病情隐瞒，谁也没有告诉。这年9月，李蕙仙辞世，梁启超悲痛万分。

1926年1月，梁启超的便血症加剧，在家人与好友的催促下，他到北京一家德国人开的医院进行检查。经医生诊察后，判断为尿血症。但是化验过血尿后并没有发现任何异常，始终找不出病因所在。这时的梁启超并未对自己的病情有所悲观，相反的是，由于他此时还并未意识到病况的严重，反倒显得比较乐观。他在这年2月9日给大女儿梁令娴的信中说："其实我这病一点苦痛也没有，精神气体一切如常，只要小便时闭着眼睛不看，便什么事都没有，我觉得殊无理会之必要。"

1927年，梁启超正在给孩子们写信

1926年3月8日，梁启超转入北京协和医院治疗。经过协和医院医生的仔细检查，断定梁启超的右肾出现问题，并于3月16日做了右肾摘除手术。但手术后梁启超的病情依旧没有好转，尿血的情况仍然存在。从此梁启超的身体状况大不如前，精力大减。事后证明，协和医院为梁启超所做的右肾摘除手术是一场医疗事故。功能异常的左肾依旧留在体内，而健康的右肾则被摘除。考虑到西医刚进中国，梁启超没有声张此事。但右肾被摘除后，梁启超依然没能注意休息，没有注意保护已经产生病变的左肾。他于1926年4月受任北京图书馆馆长一职，又为此事奔波。热爱的学问事业他也不愿意中断，又开始全力编纂南宋爱国词人辛弃疾的年谱，还是一如既往地投入到写作著述中来。

到1927年，由于恩师康有为、爱徒范静生、挚友王国维等人相继去世，梁启超大受打击。此后他病情加剧，却仍然不肯停笔休息，依然在病床上坚持编著《辛稼轩年谱》。

1929年1月19日，一代骄子梁启超与世长辞，享年五十七岁。

北京图书馆旧照

梁启超逝世，举国哀痛。2月17日，北京、上海两地举行追悼会，参与者甚众。章太炎、蔡元培、阎锡山、冯玉祥、蒋梦麟、熊希龄、钱玄同、张东荪、杨杏佛等一大批政界、军界、学界要人为其各撰挽联，以示哀恸。司马迁在《李将军列传》末尾称李广“及死之日，天下知与不知，皆为尽哀”。梁启超其如是乎！

俊秀满门

近代文化世家当中，新会梁氏家族算得上是传承最为绵长的家族之一。新会梁氏在梁启超之前只是新会县茶坑村一个半耕半读的家庭，梁启超的祖父梁维清只是一位秀才，父亲梁宝瑛只是乡村的教书先生，母亲也只是粗通文墨。到了梁启超，一举成为举国关注的一代启蒙与国学大师，天下莫不知有新会梁氏的存在。

祖父、父亲及母亲对梁启超的启蒙教育，对他的一生影响重大。梁启超对自己子女的教育也秉承了家风。他本人是国学功底深湛的国学大师，又半生投身政治，呼吁改良救国，深受西方科学民主精神浸染。因此他在对子女的教育中，能够将中国传统学问与西方民主科学相融合，且又循循善诱，培养出九个出色的儿女，称得上是满门俊秀。

大女儿梁思顺，小名令娴，梁启超呼之为娴儿，生于1893年，卒于1966年，毕业于日本女子师范学校。梁思顺伶俐乖巧，从少女时代起就帮助父亲梁启超做些收集资料的辅助工作，到日本后成为梁启超的日文翻译，深得梁启超喜爱。从小就展露出诗词天分的她成长为诗词研究专家，著有《艺蘅馆词选》。后来她做了民国中央文史馆馆员，嫁给外交官周希哲。新中国成立后曾任北京市东城区政协委员。梁启超的信件多依赖她全力保存，成为日后研究梁启超的重要资料来源。

长子梁思成，生于1901年，卒于1972年。先入清华学校，后赴美入宾夕法尼亚大学和哈佛大学专攻建筑学，成长为我国著名的建筑学家，于1948年3月当选为民国中央研究院人文组首届院士。他的妻子为梁启超老友林长民的女儿，也就是被称为一代才女的林徽因。梁思成曾参与设计中华人民共和国国徽和人民英雄纪念碑及鉴真和尚纪念堂，毕生致力于研究和保护中国古代建筑。并因其在研究和保护中国古建筑方面的突出贡献，于1988年8月荣获国家自然科学奖一等奖。

1947年，梁思成在讨论联合国大厦设计方案时发言

次子梁思永，生于1904年，卒于1954年，先入清华学校，后赴美入哈佛大学攻读考古学与人类学，后成为我国著名考古学家。曾先后参加过河南安阳殷墟、龙山文化遗址的考古工作，于1948年3月当选为中央研究院人文组首届院士。建国后，被任命为中科院考古研究所副所长。

1931年第三次发掘殷墟时，董作宾（左一）、梁思永（右一）、李济（左二）在小屯驻地欢迎傅斯年（右二）视察

三子梁思忠，生于1907年，卒于1932年，同他两位兄长一样，也是先入清华学校，而后赴美入西点军校学习军事。回国后入伍，曾任国民党十九路军炮兵校官。在1932年的“一·二八”淞沪抗战中，驻防上海的十九路军浴血奋战，梁思忠表现得相当出色。可惜此后不久，身在前线的他在战斗中不慎喝了路边的脏水，结果患上腹膜炎并服错了药、贻误了治疗时机而去世，年仅二十五岁。

次女梁思庄 ，生于1908年，卒于1986年，先后入加拿大麦吉尔大学学习文学与哥伦比亚大学学习图书馆学，精通英、法德、俄等多门外语。建国后曾任北京大学图书馆副馆长，是我国著名的图书馆学家。

1927年梁思庄在加拿大麦吉尔大学读书期间

四子梁思达，生于1912年，卒于2001年，毕业于南开大学经济系，硕士学历，经济学家，曾参与中科院经济研究所《中国近代经济史》一书的编写工作。

三女梁思懿，生于1914年，卒于1988年，先入燕京大学医学预备班，后入燕大历史系。她思想活跃，积极投身学生运动，是”一二九“运动中的燕大学生领袖，号称“燕京三杰”之一。建国后，梁思懿先后担任齐鲁大学女部主任、山东省妇女联合会主席、中国红十字会国际联络部副部长和顾问、第六届全国政协委员等职。是我国著名的社会活动家。

四女梁思宁，生于1916年，卒于2006年，曾就读南开大学，后投奔新四军参加革命，并加入中国共产党。新中国成立后，陈毅元帅曾对她的兄长梁思成说，当年我手下有两个比较特殊的兵，一个是章太炎的儿子，一个是梁启超的女儿。

五子梁思礼，生于1924年，重庆南开中学毕业后赴美入普渡大学学习无线电及自动控制，后入辛辛那提大学攻读研究生，获博士学位。归国后成为中国导弹控制系统的创始人之一。于1993年当选为中国科学院院士。

综观梁启超的九个儿女，绝大多数都在学生时代出国留学，三个儿子成为院士，更是一门兼具诗词研究家、建筑学家、考古学家、图书馆学家、经济学家、社会活动家、导弹控制系统专家等多方面多行业内的著名人物，堪称个个成才。这与梁启超的悉心教导是分不开的。

名垂青史

一代英才梁启超在身后也得到了他应得的赞誉。他为中国的救亡图存所作的启蒙贡献将会永远被世人铭记，他留下的一部部见解独到的学术巨著也将流芳千古。他是个说不尽的人物，也是个难以说清的人物。从晚清至民国，再到现代中国，对他的称赞代不乏人。

黄遵宪评价他的文章笔力："惊心动魄，一字千金，人人笔下所无，却为人人意中所有，虽铁石人亦应感动。从古至今，文字之力之大，无过于此者矣。"

吴其昌评价他文学改良："文体的改革，是梁启超最伟大的功绩，杂以俚语的新文体（报章体），才使得国民阅读的程度一日千里。"

位于天津的梁启超纪念馆

胡适评价他的启蒙之功："梁任公为吾国革命第一大功臣，其功在革新吾国之思想界。十五年来，吾国人士所以稍知民族思想主义及世界大势者，皆梁氏之赐，此百喙所不能诬也。去年武汉革命，所以能一举而全国响应者，民族思想政治思想入人已深，故势如破竹耳。使无梁氏之笔，虽有百十孙中山、黄克强，岂能成功如此之速耶？近人诗‘文字收功日，全球革命时’，此二语惟梁氏可以当之无愧。”

郭沫若评价他的启蒙之力：“平心而论，梁任公地位在当时确实不失为一个革命家的代表。他是生在中国的封建制度被资本主义冲破了的时候，他负戴着时代的使命，标榜自由思想而与封建的残垒作战。在他那新兴气锐的言论之前，差不多所有的旧思想、旧风气都好像狂风中的败叶，完全失掉了它的精彩。二十年前的青少年——换句话说，就是当时有产阶级的子弟——无论是赞成或反对，可以说没有一个没有受过他的思想或文字的洗礼的。他是资产阶级革命时代的有力的代言者，他的功绩实不在章太炎辈之下。”

毛泽东评价他的人生历程：“梁启超一生有点像虎头蛇尾。他最辉煌的时期是办《时务报》和《清议报》的几年。那时他同康有为力主维新变法。他写的《变法通议》在《时务报》上连载，立论锋利，条理分明，感情奔放，痛快淋漓。加上他的文章一反骈体、桐城、八股之弊，清新平易，传诵一时。他是当时最有号召力的政论家。”

郭湛波评价他的一生：综其一生，悉于国耻世变中度过，蒿目忧心，不能自已。故自少壮以迄于病死，始终以救国新民之责自任。享年虽仅五十有七，而其生活则云变波折，与清末民初之时局相响应。梁启超以“善变”闻名于世。从戊戌年的变法开始，到庚子勤王，再到创办《新民丛报》，宣传“新民”思想，为开启民智鼓与呼。辛亥革命后，他回国参与政治，两次讨伐复辟，再造共和。他继承了晚清思想中儒家经世致用的传统，并将这一传统转变成新的人格和社会理想，在不断的“变”里，其宗旨和目的始终不变，其方法虽变，然其所以爱国者未尝变也。

梁启超逝世后，曾有一副挽联这样写道：

三十年来，新事业，新智识，新思想，是谁唤起？
百千载后，论学术，论文章，论人品，自有公评！

而梁启超自己也曾赋诗一首以明心志，诗云：

自厉（其一）

献身甘作万矢的，著论求为百世师。
誓起民权移旧俗，更研哲理牖新知。
十年以后当思我，举国犹狂欲语谁？
世界无穷愿无尽，海天寥廓立多时。

千秋功过，历史自有公论。

后记

前半生的梁启超，基本上是以一个资产阶级民主政治启蒙者的姿态出现在近代中国的历史舞台上的。

戊戌政变发生，他被迫逃往日本之后，十四年的流亡生涯让他对中国的救亡图存之路有了较为清醒的认识。他笃定改良的强国之路，追求资产阶级的民主政治。他反对暴力革命，对革命后所带来的对社会生产力的巨大破坏表示深深的担忧。他主张自上而下的改良，主张循序渐进的民主，反对走捷径，反对大动乱，并为之奔走呼号而奋斗半生。他办报宣传民权、鼓吹自由，为谋开启民智；他结社团结力量、争取支持，力图民主宪政。他以一支天生健笔铸就千万辉煌文字，流布海内，启蒙之功遂可留名千古。常言道百无一用是书生，书生救国有几人？新会梁启超便要算上一位。

抱定改良之路的梁启超，或许因为他所处阶级的时代局限性，而未能站在晚清民主共和大势的潮流之下，并为此饱受诟病。有人说他软弱，有人讥他保守，有人说他妥协，有人讽他反动。他虽历经思想变迁，由君主立宪到倾向革命，由倾向革命到坚守改良，他流质善变，却变中坚守不变，那就是他毕生鼓吹与追求的民权与自由，以及不愿意看到因暴力革命而生灵涂炭的悲天悯人。百日维新，跟随恩师康有为，他主张君主立宪；亡命东瀛，恨极顽固势力，他一度倾向革命；美国归来，目睹共和之弊，他坚守改良；洪宪复辟，封建专制又起，他全力讨伐。民主与自由不在，他便奋斗不止；和平与稳定不存，他便力争到底。正像戊戌政变发生之后，他写给妻子李蕙仙的信中说的那样："我辈出而为国效力，以大义论之，所谓匈奴未灭，何以家为！"表现了他矢志救国的坚定决心。这就是他的想法，要民主，不要专制，要渐进，不要革命，要稳定，不要动乱。只是在一个共和成风的年代，他注定落寞。

后半生的梁启超基本上是以一个学者的身份出现在中华民国的历史舞台上的。欧洲归来之后的梁启超，对西方过于依赖物质文明所带来的恶果深有感触，他由此看到了东方文明的优良之处，从此主张弘扬中国传统之精髓以弥补西方文明之不足，这是对优秀中华传统文化的有力捍卫。在那个向西方寻求先进知识以救亡图存的年代里，梁启超的这种思想可谓超前，可谓独特，可谓真知灼见！他后半生致力于中国传统学问研究所取得的成就，正是在这种思想影响之下结出的累累硕果。

英雄注定孤独，只因曲高和寡。纵使天纵英才如任公，也不能例外。

梁启超年谱

1873年　出生

2月23日，梁启超出生于广东新会茶坑村，父亲梁宝瑛，自幼在家中接受传统教育。

1882年　10岁

年初，梁启超在父亲的陪同下前往广州参加童试。这次虽然未考中，但是广州之行让梁启超开拓了眼界。

1884年　12岁

梁启超第二次到广州参加学院考试，考中秀才。

1889年　17岁

梁启超参加广东乡试，中举。

1890年　18岁

梁启超赴京会试，不中。回家乡路经上海，看到介绍世界地理的《瀛环志略》和上海机器局所译西书，眼界大开。

8月，经同学陈千秋引见，梁启超认识了康有为，并做了康有为的弟子。

1891年　19岁

梁启超就读于万木草堂，接受康有为的思想学说并由此走上改良维新的道路，时人合称“康梁”。

1895年　23岁

春，梁启超第二次赴京会试，协助康有为，发动“公车上书”。

8月，《万国公报》（后改名《中外纪闻》）创刊，梁启超等人负编辑总责。

11月中旬，强学会成立，梁启超担任书记员，负责起草组织章程。

1896年　24岁

3月，梁启超应黄遵宪之邀离开北京城到达上海，担任《时务报》主笔。

1897年　25岁

6月，梁启超与汪康年、麦孟华等在上海创立了不缠足会，开始大力宣传放足运动。

9月，梁启超又同维新派人士在上海集股创办大同译书局，传播西学。

后，梁启超任长沙时务学堂总教习，在湖南宣传变法思想。

1898年　26岁

3月，梁启超北京，积极参加“百日维新”。

4月，梁启超与康有为创办保国会。

7月3日（五月十五），梁启超受光绪帝召见，奉命进呈所著《变法通议》，赏六品衔，负责办理京师大学堂译书局事务。

9月，戊戌政变发生后，梁启超逃亡日本。在日本期间，先后创办《清议报》和《新民丛报》，鼓吹改良，反对革命。

1905年　33岁

梁启超作为改良派的主将，与革命派论战。

1906年　34岁

清政府宣布“预备仿行宪政”，梁启超立即表示支持。

1907年　35岁

10月，在东京建立“政闻社”，希望推动清政府实行君主立宪。由于清政府并不真心实行宪政，政闻社也因受到查禁而宣告解散。

1910年　38岁

3月10日，梁启超在上海创办《国风报》，成为继《新民丛报》后立宪派的又一舆论阵地，为立宪运动再造声势。该报由梁启超在日本编辑，运至上海印书出版，其中半数稿件均出自梁启超之手。

1912年　40岁

4月，梁启超发表《中国立国大方针》一文评价辛亥革命的进步意义，盛赞革命共和之功。

11月8日，梁启超踏上了回国的征程，于11 月18日抵达天津，结束了十四年的日本流亡生涯。

1913年　41岁

进步党“人才内阁”成立，梁启超出任司法总长。袁世凯帝制自为的野心日益暴露，梁启超反对袁氏称帝。

1914年　42岁

对袁世凯失望透顶的梁启超在万般无奈之下愤然辞职。

1915年　43岁

8月，梁启超发表《异哉！所谓国体问题者》一文，对袁氏的倒行逆施进行猛烈抨击，与蔡锷策划武力反袁。

1916年　44岁

梁启超赴两广地区，积极参加反袁斗争，为护国运动的兴起和发展做出了重要贡献。袁世凯死后，梁启超依附段祺瑞，与支持黎元洪的宪政商榷会对抗。

1917年　45岁

7月，段祺瑞掌握北洋政府大权，梁启超出任财政总长兼盐务总署督办。

11月，段内阁被迫下台，梁启超也随之辞职，从此退出政坛。

1918年　46岁

梁启超筹集了10 万元经费，精选了一批学有专长的精英，以“欧洲考察团”的名义，赶赴巴黎和会。梁启超亲身了解到西方社会的许多问题和弊端。回国之后，即宣扬西方文明已经破产，主张光大传统文化，用东方的“固有文明”来“拯救世界”。

1920年　48岁

3月，欧游归来的梁启超退出政界，开始致力于文化教育事业。在欧洲的见闻让他认识到中华传统文化的优良之处，他决心全力研治国学，挖掘东方文明的精髓。

1921年　49岁

从这一年起，梁启超先后在南开大学、清华大学任教，并奔赴上海、济南、南京、苏州、无锡、南通等地讲学，涉及内容包括文学、历史、宗教、伦理、教育、政治、艺术、科学等诸多方面。

9月，梁启超开始天津南开大学主讲中国文化史，受到南开师生的热烈欢迎。

1923年　51岁

梁启超将在清华讲授《中国学术史》所编的讲稿整理成书，命名为《中国近三百年学术史》，并于1924 年出版。

1927年　55岁

由于恩师康有为、爱徒范静生、挚友王国维等人相继去世，梁启超大受打击。此后病情加剧，却仍然不肯停笔休息，依然在病床上坚持编著《辛稼轩年谱》。

1929年　57岁

1月19日，梁启超在北京协和医院溘然长逝。